イスラームの「英雄」サラディン

十字軍と戦った男

佐藤次高

講談社学術文庫

目次

凡例

・イスラーム関連の事項は、とくに断らないかぎり、ヒジュラ暦を換算して西暦であらわす。ヒジュラ暦は純粋な太陰暦であり、太陽暦より一年で約十一日短い。そのため、史料に月日の記載がないと、正確な年を換算できないことがある。その場合は～で表示する。

例　サラディンの生没年（一一三七～八―九三）

・ヒジュラ暦と西暦を同時に記す場合は／を用い、先にヒジュラ暦を表示する。

・年齢はヒジュラ暦を西暦に換算し、かつ満年齢で表記する。

・人名、地名はできるだけ原音にしたがうが、すでに慣用となっている表記法はそれを採用する。

例　サラーフ・アッディーン↓サラディン
　　アル・クドス↓エルサレム

・引用文中のカッコは、原則として引用者註である。（　）は説明、［　］は補足である。

イスラームの「英雄」サラディン

十字軍と戦った男

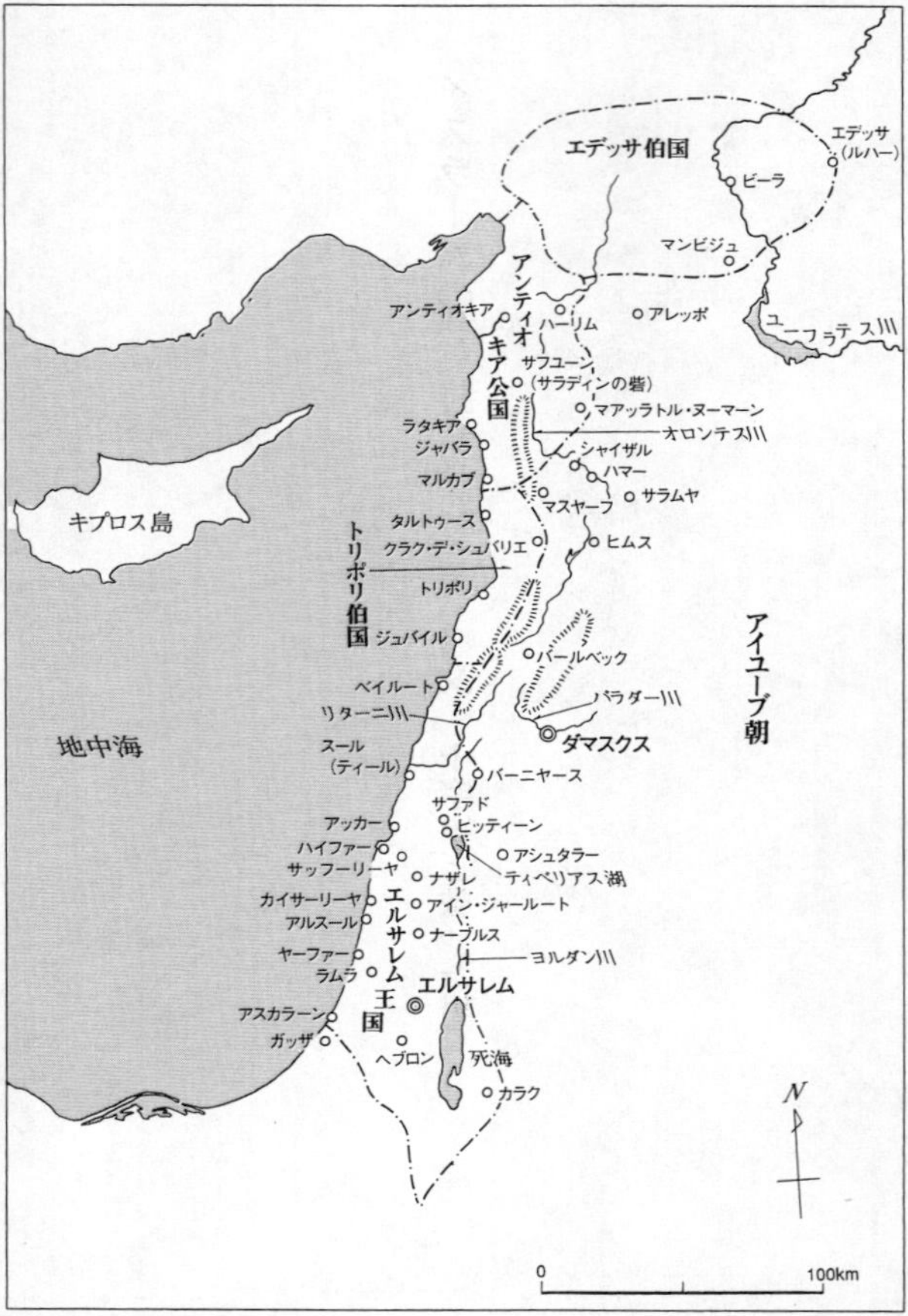
エデッサ伯国
エデッサ（ルハー）
ビーラ
マンビジュ
アンティオキア公国
アンティオキア
ハーリム
アレッポ
ユーフラテス川
サフユーン（サラディンの砦）
マアッラトル・ヌーマーン
オロンテス川
ラタキア
ジャバラ
シャイザル
ハマー
マルカブ
マスヤーフ
サラムヤ
キプロス島
タルトゥース
クラク・デ・シュバリエ
ヒムス
トリポリ伯国
トリポリ
ジュバイル
バールベック
アイユーブ朝
ベイルート
バラダー川
リターニ川
ダマスクス
地中海
スール（ティール）
バーニヤース
サファド
アッカー
ヒッティーン
ハイファー
アシュタラー
サッフーリーヤ
ナザレ
ティベリアス湖
カイサーリーヤ
エルサレム王国
アイン・ジャールート
アルスール
ナーブルス
ヤーファー
ヨルダン川
ラムラ
エルサレム
アスカラーン
ガッザ
ヘブロン
死海
カラク
N
0
100km

11―12世紀のシリア

プロローグ――サラディンの生きた時代

イスラーム世界の英雄

サラディン（西暦一一三七～八―九三）は、今でもアラブ人やクルド人の心のなかに生きつづけている英雄である。

一九六七年の第三次中東戦争を機に、エルサレム全域がイスラエルの占領下におかれてからは、ムスリム（イスラーム教徒）たちの多くは、やがて第二のサラディンが現われ、この聖地を異教徒から取り戻してくれるものと期待しつづけてきた。湾岸戦争（一九九一年）のとき、イラクのサッダーム・フセイン大統領が「現代のサラディン」を演じてみせたのも、このような人々の心情に訴えかけようとしたからであろう。

イラク生まれのクルド人がわずか三十歳でエジプトを手中におさめ、さらに十字軍からエルサレムを奪回したのは十二世紀後半のことであった。バグダードのアッバース朝カリフ（カリフは預言者ムハンマドの「後継者」を意味するハリーファのヨーロッパなまり）の権力はとうの昔に失われ、イスラーム世界はさまざまな勢力によって分割統治されていた。ただ実権を失ったとはいえ、この時代のカリフは、長い伝統に支えられて、「信者の指導者」

没後800年を記念して旧市街の城壁前に建てられたサラディンの騎馬像（ダマスクス）

としての権威だけはかろうじて保っていた。

そのため、新興の勢力は地方に政権を樹立すると、いちはやくカリフからその支配の正当性を保証してもらうことが慣例であった。中央アジアの草原から西アジアへと進出したのち、バグダードに入城してカリフから「スルタン（王）」の称号を獲得したトルコ人のセルジューク朝（一〇三八―一一九四）はその典型といえよう。

しかし、北アフリカから肥沃なナイル渓谷へと進出したファーティマ朝（九〇九―一一七一）は、シーア派のなかでも、とくに過激なイスマーイール派に属し、スンナ派のアッバース朝からは完全に独立していた。しかもシリアの地中海沿岸では、つねに南進の機会をうかがうビザンツ帝国の脅威にくわえて、セルジューク朝とファーティマ朝と十字軍が五十年以上にわたって激しい覇権争いをつづけてきた。これらの争いに終止符を打ち、十字軍から聖都エルサレムを奪回したがゆえに、サラディンは「イスラーム世界の英雄」とみなされてきたのである。

当時の西ヨーロッパ世界

サラディンが登場したころの西ヨーロッパ世界は、ようやく封建社会が成熟し、農業技術の革新にもとづく生産力の増大は、人口の増加と商取り引きの拡大をもたらしつつあった。イスラーム世界のバグダードやカイロに比べればまだ小規模ではあったが、ケルン、ミュンヘン、パリ、ロンドンなどヨーロッパ各地に取り引きの中心となる都市が発達しはじめた。

イベリア半島では、イスラーム勢力に対するレコンキスタ運動がしだいに高まりつつある一方、トレドを中心にムスリムによる哲学や医学、あるいは数学や化学などの研究成果を、アラビア語からラテン語への翻訳によって熱心に学びとろうとしていた。

十字軍は、ムスリムにとってはもちろんのこと、ビザンツ帝国のキリスト教徒にとってさえ、野蛮な侵略者以外のなにものでもなかった。しかし西ヨーロッパのキリスト教徒側からみれば、これは人口増加のエネルギーを聖地奪回に振りむけるまたとないチャンスであった。しかも大規模な人の移動には物資の供給が不可欠である。ヴェネツィア、ジェノヴァ、ピサなどのイタリア都市は、この機をとらえて東方貿易に乗り出し、いっきに繁栄への道を歩みはじめる。

武人の君主

一方、東方の中央アジアでは、アム川下流域のホラズム地方にトルコ人総督によってホラズム・シャー朝（一〇七七―一二三一）が建設された。十二世紀になってセルジューク朝の勢力が衰えると、その版図《はんと》はイラン東南部にまで拡大したが、背後のモンゴル高原では、テムジン（後のチンギス・ハン）の指揮のもとに、モンゴル民族が大規模な征服活動を開始しようとしていた。

また、唐《とう》にかわって中国を統一した宋《そう》は、女真族《じょしん》の金《きん》の攻撃を受けて江南に逃れ、南宋《なんそう》（一一二七―一二七九）を建国した。この時代の江南は中国随一の稲作地帯としてめざましい発達をとげ、泉州や広州などの海港都市には陶磁器や絹織物を求めるムスリム商人が来港し、町中にはにぎやかな居留地がつくられた。

サラディンと同時代の日本は、イスラーム世界と同じく激動の時代を迎えていた。荘園《しょうえん》の管理をになう武士団が各地に台頭し、平氏の棟梁、清盛《きよもり》は西国に独裁的な政権を樹立すると、南宋との間に積極的な貿易政策を推し進めた。しかし平氏の政権は朝廷の権威に依存する古い体質からまだ脱却することができず、まもなく東国におこった源氏の勢力によって滅ぼされてしまった。

源頼朝《みなもとのよりとも》が朝廷から征夷大将軍《せいいたいしょうぐん》に任ぜられ、鎌倉に幕府を開いた一一九二年は、サラディンがダマスクスで没するわずか一年前のことである。サラディンと頼朝、十二世紀後半の東西の世界に、新しい時代を切り開く「武人の君主」があいついで登場したのは、たんなる歴史の偶然だったのだろうか。

サラディンとの三度の出会い

ところで、私とサラディンとの出会いは二十五年前にさかのぼる。一九六九年末から七〇年末までの一年間、私はバグダードに留学してアラブ・イスラーム史を研究する機会をあたえられた。この間に何回かイラクの北の町モスルへのバス旅行を試みたが、途中、休憩のために立ち寄る小さな町がタクリート（現代の発音はティクリート）であった。

このタクリートはサラディン生誕の地としてよく知られている。バグダードから北へ約百八十キロメートル、ティグリス川の西岸に位置する小さな田舎町である。サラディンを生んだ古い町であるが、現代ではむしろサッダーム・フセインをはじめとする有数な政治家を輩出した土地としてとくに名高い。もっとも当時のイラク政府には、サラディンの生家を観光の目玉として宣伝しようとする意図はなく、かつての城はすでに崩落して何の痕跡も残っていなかったように思う。

サラディンとの二度目の出会いは、同じ年のカイロ訪問のときに訪れた。カイロ旧市街の南端にあるズワイラ門を出て、さらに南へ細い道をたどると、やがて巨大

「山の城塞」から見たカイロの町並み。左手前がスルタン・ハサン・モスク（14世紀半ば建造）

なムハンマド・アリー・モスク（一八四八年の建造）がそびえる城塞《じょうさい》につきあたる。ここがその昔サラディンによって新しい政務の中心に定められたところである。生前に政府の諸機関が完成することはなかったが、次代のスルタン以降、この「山の城塞」は歴史に生きるカイロ庶民の生活をじっと見下ろしつづけてきた。今でもこの城塞に上ってみると、茶色にくすんだ旧市街から高層ビルが立ちならぶ新市街までを一望のもとにおさめることができる。

そして三度目の出会いは、シリアの古都ダマスクスにあるサラディンの墓においてであった。

旧市街の西側からハミーディーヤ市場を東に向かってまっすぐに進み、ウマイヤ・モスクの手前を左に折れてから、しばらくして市場通りを抜けると、右手に古びた小さなドームが立っている。これが十字軍時代に名をはせた英雄の墓である。希代の英雄の墓としては、ずいぶんとつつましい造りであるが、死後に財産を残さなかった清貧のスルタンには、このような墓がふさわしかったのであろう。

何年か前、私はここの墓守の老人にサラディンの伝記を書くことを約束したが、刷りあがった本書を持参するまで老人は待っていてくれるだろうか。この約束を果たすことも私のささやかな念願の一つである。

高潔な英雄のイメージ

サラディンの伝記を書くむつかしさは、同時代のアラビア語史料や伝説に描かれたサラディン像には、「アラブ騎士道の達人」、「慈悲深い高潔な人物」、「エルサレム解放の英雄」といった賢者・聖人・英雄のイメージがまとわりついていることにある。

このイメージに邪魔されて「人間としてのサラディン」の実像がなかなか見えてこないのである。もっともこのようなサラディンの聖人化は、アラブ人の側だけではなく、中世のヨーロッパでもすでにはじまっていたらしい。

ダマスクスのウマイヤ・モスク(8世紀はじめの建造)。ビザンツ様式のモザイク絵は、コーランに描かれた天国のイメージ

十字軍時代のキリスト教徒は、高度なイスラーム文明には強いあこがれの気持ちを抱いていたが、これを生みだしたイスラームとその信徒にたいしては激しい憎悪の感情を隠さなかった。十一―十二世紀に成立した『ローランの歌』は、カ

（上）　ヨーロッパ人が描いたサラディン像
（下）　現代のアラブ人が描いたサラディン像

ール大帝が神の戦士として野蛮なサラセン人（アラブ人ムスリムのこと）を懲らしめるというモチーフに貫かれている。

　ところが、ことサラディンにかんしては評価がまったく異なっていた。ダンテ（一二六五―一三二一）の『神曲』地獄篇をみてみよう。イスラームの預言者ムハンマドが頭から切り裂かれて苦しみ、呻《うめ》くのにたいして、サラディンについては、「我は離れてただひとりなるサラディーノを見き、我なお少しく眉をあげ、哲人のやからの中に座したる智者の師を見き」と記している。

　智者の列につらなるこのようなサラディン像をヨーロッパにひろめたのは、じっさいに彼と戦った十字軍の戦士たちであったのだろうか。むろん真相は不明であるが、十四世紀はじめにまとめられた『リチャード獅子心王のロマンス』にも、苦境にあってなおリチャード王に一騎討ちを挑む果敢な騎士としてのサラディンが登場する。[1]

S・レーンプールの『サラディンとエルサレム王国の崩壊』（一八九八年刊）は、アラビア語史料にもとづく最初の実証研究として高い評価があたえられてきた。[2] しかし、ここで描かれているサラディン像にも、中世の時代から受けつがれてきたロマンチックな雰囲気が色濃く残っている。

たとえば、この書の末尾には、つぎのようにある。「偉大なスルタンの性格は、騎士道よりは戦勝に重きをおくムスリムよりも、むしろヨーロッパ人を強くひきつける。われわれがサラディンを真のロマンチックな英雄とみなすのは、戦いでの勝利の故ではなく、その寛大な性格の故である」。

たしかに、これまでヨーロッパ人はアラブ騎士道の体現者としてのサラディンに注目し、一方、A・サイイド・アルアフルなど現代のアラブ人研究者は、異教徒と勇敢に戦った英雄サラディンに力点をおいて著作を発表してきた。ここにかつての侵略者（ヨーロッパのキリスト教徒）と被侵略者（中東のムスリム）の立場を継承する両者の「意識の相違」をみてとることは容易であろう。

サラディン像を見なおす

以上のようなサラディン像にたいして、最近はサラディンの政治的野心や外交のかけひきなどに注目することによって、「聖なる人物像」を見なおそうとする試みが盛んになってきた。その筆頭がA・S・エーレンクロイツである。[3]

彼は、サラディン関係の史料を批判的に再検討することによって、平穏・無事に見えたサラディンの生涯が、じつはファーティマ朝の残存勢力との厳しい闘争や権力保持のための策略によって彩られていたこと、またエジプトに主権を確立した当初からエルサレム解放の決意を固めていたわけではなかったこと、つまり生来のエルサレム解放者ではなかったことなどを明らかにした。

しかしエーレンクロイツの論は、偶像を壊すことにあまりに性急すぎるとはいえまいか。たとえば、サラディンの最大の失敗は、エジプトを十字軍の亡霊（再侵入への恐れ）から解放することができなかったことであると指摘しているが、サラディンが十字軍戦争に果たした役割とその意義についてはさらに注意ぶかい検討が必要であろう。

H・A・R・ギブの最後の著作となった『サラディンの生涯』は、また違った意味でのサラディン像見なおしの試みである。[4] 後世の史料を排し、同時代史料だけに限定したとき、われわれはどのようなサラディン像を描くことができるのだろうか。これがギブによる執筆の動機である。

アラビア語史料の解読は慎重に進められ、私たちはサラディンの政治活動について、この書からじつに多くのことを学ぶことができる。しかし残念なことに、考察の対象は狭い意味での政治活動だけに限られ、サラディンがどのような政治体制をつくりあげたのか、またどのような経済政策を行ったのかという問題にはまったく触れられていない。結局のところ、この書にサラディンの全体像を求めることはできないのである。

このような研究状況のなかで、私はつぎのような観点からサラディンの生涯を描いてみたいと思っている。

それは、生身の人間であるサラディンが、どのような政治・経済・社会状況のなかで、どのように考え、どのように行動したかを明らかにすることである。政治状況のなかには、むろん地中海とイスラーム世界をとりまく当時の国際関係も含まれる。

伝説と事実とをできるだけ区別したうえで、架空の伝説も人々の願望の現われとして積極的にとりあげてみることにしたい。そうすることによって、「人間としてのサラディン像」がより明確に浮かびあがってくるはずだと思うからである。

そして読者は、本書がまず何よりも、はなやかな国際都市カイロから偉大な聖地エルサレムまで、文字どおり当時の「世界の中心」を歩んだ人物の伝記であることを念頭において、以下の叙述をたどっていただきたいと思う。

史料の性格

イスラーム世界は中国とならぶ「書の世界」であり、サラディンの生涯にかんする伝記史料もかなり豊富である。細かな点は省略し、ここでは本書で用いたアラビア語史料に限って、それぞれの性格を記しておくことにしよう。現代の研究とは異なり、いずれもサラディンのイメージを固めるうえで基本的な材料となるものだからである。

第一は、サラディンの秘書による記録『シリアの稲妻』である。(5)

作者の名は、イマード・アッディーン・アルイスファハーニー（一一二五―一二〇一）、当代でも有数な文学者・行政官僚の一人であった。イラン中部のイスファハーンに生まれ、バグダードでイスラーム諸学を修めたのち、アッバース朝のカリフやセルジューク朝の君主に仕えて有能な行政官ぶりを発揮した。サラディンに仕えるようになったのは、一一七五年、五十歳のころのことであり、以後、約二十年近くの間サラディンの絶大な信頼を獲得し、平時と戦時とを問わず、つねに行動をともにしていたという。

『シリアの稲妻』はサラディンの生涯を洗練されたアラビア語でつづった史書であるが、現在はその一部が写本の形で残っているにすぎない。しかし幸いなことに、失われた部分の多くは、後述するイブン・シャッダードやアブー・シャーマの著作に引用され、かろうじて元の内容を推測することができる。サラディンと親しい間柄ではあったが、その記述は時に主人にたいする批判を含み、全体として、終始、冷静な記述スタイルを崩していないところに特徴があるといえよう。なお、同じ著者による『征服の書』はサラディンによるシリア諸都市の解放の記録であり、これも従軍の体験を盛りこんだ同時代史料としてきわめて評価が高い(6)。

第二は、サラディンの軍隊付き裁判官をつとめたイブン・シャッダード（一一四五—一二三五）による伝記である。

生まれ故郷のモスルで勉学を修めてから、バグダードへ出てイスラーム学の名門、ニザーミーヤ学院で教鞭《きょうべん》をとり、四年後にふたたびモスルへ戻った。サラディンはイブン・シャッダードから献呈された『聖戦《ジハード》の美点』に大きな感銘をうけ、側近としてぜひ働いてくれるよう要請した。一一八八年、イブン・シャッダード四十三歳のときであった。

これ以後、わずか五年間ではあったが、晩年のサラディンに仕え、その死後、『スルタンの珍しい事どもとユースフの美徳』（以下『サラディン伝』と略称）と題する書を著わした(7)。前半生については他の著作からの引用によっているが、晩年については文字どおり第一級の史料を提供してくれる。しかし前述したイマード・アッディーンと比べれば、ややサラディン寄りの性格をもつ記述といえるかもしれない。

第三は、イブン・アルアスィール（一一六〇—一二三三）のイスラーム世界史にみられるサラディン関係の記録である(8)。

イブン・シャッダードと同じくモスルに生まれ、生涯のほとんどを一介の歴史家として故郷の町ですごした。ただ、一一八八年、二十八歳のときにはサラディンの軍中にあったことが確認されている。

主著の『完史』は人類の誕生から一二三一年に至るまでの世界史であり、明晰《めいせき》なアラビア語と歴史への洞察力、それに人間味あふれる数多くのエピソードによって読者を魅了してきた。個人的にはモスルのザンギー朝に親近感をもち、サラディンのアイユーブ朝にはかなりの違和感を抱きつづけたことが特徴であろう。

サラディンの生涯については、その多くを『シリアの稲妻』に拠っているが、その野心を際立たせるために元の文章を改変した部分も少なくないので利用には注意を要する。(9)

以上のほかにも、『シリアの稲妻』を要約したアブー・シャーマ（一二六八年没）の『二つの庭園』やサラディンの時代にエジプト・シリアを訪れたイブン・ジュバイル（一一四五―一二一七）の『旅行記』などがある。また、シリア中部のシャイザル城主の子として生まれたアラブ騎士、ウサーマ・イブン・ムンキズ（一〇九五―一一八八）による『回想録』も貴重であるが、それぞれの書の性格について詳細は別の研究に譲ることにしよう。(10)

ここで略述したように、少年時代を除けば、サラディンの生涯についての記録はかなり豊かであるといってもよい。これらの史料を総合したとき、果たしてどのような人物像が浮かびあがってくるのだろうか。以下の叙述は、これらの同時代史料にもとづいて「サラディンの実像」を描こうとする一つの試みである。

第一章　修行時代

1　誕　生

不思議な符合

サラディンはヒジュラ暦五三二年にイラク北部の町タクリートに生まれた。誕生の詳しい月日がわからないので、サラディンの誕生年が、西暦で一一三七年にあたるのか、それとも一一三八年にあたるのかを確定することはできない。これまでは、一一三七年とも、一一三八年ともいわれてきたが、いずれの説にも確証はないといえよう。

またサラディンには、ほかに四人の兄弟がいたが、彼が何番めに生まれたのかもよくわからない。誕生後、この男の子はユースフと名づけられた。

サラディンとは、後につけられた尊称、サラーフ・アッディーン（「宗教の救い」の意味）のヨーロッパなまりである。

本名は、古代エジプトでファラオの宰相として活躍した、美男としても名高いヨセフのアラビア名ユースフであった。後にサラディンがエジプトの宰相となって新王朝を樹立することを考えると、この命名は不思議な符合であったとしかいいようがない。

父と母

父の名はナジュム・アッディーン・アイユーブ・ブン・シャージー、当時はタクリートの町とその周辺地域を治めるクルド人の代官（ワーリー）であった。一家はアルメニア地方の町ドヴィーンに近いアジュダナカーン村の出であり、ラワーディーヤ族に属していた。M・ミノルスキーによれば、十世紀以降のドヴィーンはクルド人が多数を占めるアルメニア地方の重要な城塞都市であったという[1]。

後代の史料は、彼の一族をクルドの名家の一つに数えているが、これは「人々の言い伝え」であって、もちろん真偽のほどはわからない。いずれにせよ、サラディンの祖父にあたるシャージーは、十二世紀の前半にアイユーブとシールクーフの二人の息子をともなってイラクへ移住し、バグダードの軍事長官（シフナ）であったビフルーズからタクリートの代官に任ぜられた。そしてシャージーの死後は、アイユーブがその地位を父から受け継いでいたのである。

いっぽう、サラディンの母についての情報はまったくといってよいほど残されていない。ただ、母方の叔父がシハーブ・アッディーン・マフムード・ブン・トクシュ・アルハーリミーという名であり、後にサラディンと行動をともにする武将であったことだけはわかっている。彼の父の名がトクシュであるということは、この一家がアラブ系ではなく、トルコ系か、あるいはクルド系に属していたことを示している。(2)

しかもアルハーリミーという由来名によって、アンティオキア東方の町ハーリムにゆかりをもつ一家であったことも知ることができる。想像をたくましくすれば、結婚のときには、母の一家はすでにシリアのハーリムからイラクのタクリートへと移住してきていたのかもしれない。

ロマンスの町タクリート

サラディンが生まれたタクリートは、バグダードの北方約百八十キロメートル、ティグリス川の西岸に位置する城塞都市であった。アッバース朝が八三六年から約五十年のあいだ都をおいたサーマッラーからは、北へわずか五十キロメートルほどさかのぼったところにある。近代にいたるまでは、「イラク」地方とその北側の「ジャズィーラ」地方との国境にある町とみなされてきた。

イブン・ハウカル（十世紀）の地理書によれば、タクリートはキリスト教徒が多数をしめる町であり、大きな修道院（ダイル）も建てられていた。ところで、奴隷から身をおこし、やがて一流の地理学者となったギリシア人のヤークート（一二二九年没）は、タクリートの名の由来について、およそ、つぎのようなロマンスを伝えている。

ここに最初の城塞を築いたのは、ペルシア皇帝のシャープール一世（二七二年没）であった。ある日、この城塞の長官（マルズバーン）が砂漠への狩りに出かけたとき、アラブの遊牧民がいると思って近寄ってみると、それは仕事に精をだす女性のグループであった。長官は、そのなかの一人の女性の美しさにうたれ、たちまちその虜《とりこ》になってしまった。彼は城塞の長官であることを彼女たちに告げてからいった。「私はこの娘を好きになってしまった。ぜひ結婚したいものだ」。

しかし女たちは、「彼女は族長の娘ですが、キリスト教徒です。あなたはゾロアスター教徒ですから、私たちとは結婚できません」と答えた。すると彼は、「それなら私はあなたたちの宗教に入ろう」といった。こうして二人は婚儀をととのえ、夫婦となって、かの城塞で暮らすことになった。妻の名はタクリート、その名にちなんで、やがて城塞はタクリートと呼ばれるようになったという(3)。

十世紀のアラブの地理書によれば、タクリートは毛織物の産地としても名高く、また周辺の農村では多くの胡麻《ごま》やメロンを産したといわれる。一一八四年にタクリートを訪れたアンダルシア生まれの旅行家イブン・ジュバイル（一二一七年没）は、この町のようすを、つぎのように伝えている。

タクリートは四方に広がる広大な市域を有する大きな町であり、立派な市場と多くのモスクがあり人口が多い。住民は、バグダードの住民に比較すると性格の面でも、秤《はかり》を正確に用いる点でもすぐれている。ティグリス川がその北側を流れ、岸辺には、町を難攻不落としている強固な城塞がある。(4)

この記録によれば、十二世紀なかば前後のタクリートはかなり豊かな町であり、人心も穏やかであったらしい。なお、約百四十年後の一三二七年にタクリートを通過したモロッコ生まれのイブン・バットゥータ（一三〇四―六八～九、あるいは七七年没）は、帰国後に口述筆記した『旅行記』のなかで、これとほとんど同じ内容の文章を記している。イブン・バットゥータ本人か、あるいは口述筆記者が、イブン・ジュバイルの記事をほぼそのままの形で借用したのであろう。

もちろん、一世紀半のあいだ、タクリートの町なみがまったく同じ状態であったとは考えられず、その間にさまざまな歴史的変容を被っていたはずである。事実、シリアの古都ハマーの城主にして学者であったアブー・アルフィダー（一三三一年没）によれば、彼の時代にはかつて難攻不落を誇った城塞はすでに崩れ落ちた状態であったという。

イスラーム社会のクルド人

クルド人は、イラン、イラク、トルコの三国にまたがって居住する山岳遊牧民族として知られる。黒い上着にゆるやかなズボンをはき、きっちりとまいた幅広の帯に大きな柄の短刀をさして、巧みに馬をのりこなす勇猛果敢な民族というのが一般的なイメージであろう。

現在、イラン西北部からイラク北部、トルコ東部へかけてのクルディスタン地方には、合計約千五百万から二千万のクルド人が住むとされている。アーリア系のイラン人を基礎に、アルメニア、アラブ、トルコ、モンゴル民族の侵入と混血をへて今日のクルド民族が形成された。そのうちの三分の二がスンナ派（預言者ムハンマドの言行〈スンナ〉に従う生き方を重視する多数派）のイスラーム教徒、残りの三分の一がシーア派（ムハンマドの女婿アリーとその子孫にイスラーム共同体を指導する権能が備わっていると主張する少数派）のイスラーム教徒である。言語はインド・ヨーロッパ系のクルド語であり、現代のイラクでは公用語の一つに認められている。

クルド人の歴史をふりかえってみると、その生活領域の中心がクルディスタンにあったことは確かであるが、彼らのなかには、古代オリエントの時代から西アジアの各地に移住し、新生活を営む者も少なくなかった。

イスラーム時代にはいってからは、ウマイヤ朝（六六一―七五〇）やアッバース朝などのアラブ人政権はしばしばクルド人の反乱に悩まされたが、これらの戦いの間にクルド人のイスラーム化が徐々に進行していった。そしてアッバース朝国家の分裂に乗じて、九五〇年ころにはイラン西北部にシャッダード朝、ついで九六〇年ころにハサナワイヒ朝を樹立し、さらに九八〇年代にはモスルを中心とするジャズィーラ地方にマルワーン朝（九八三—一〇八五）を建国して自立した。しかしマルワーン朝がトルコ人のセルジューク朝によって滅ぼされてからは周辺の強国に翻弄され、今日に至るまで独立の国家をもつことができない状態がつづいている。(5)

このように、十世紀以降の時代には、独立の王朝を樹立するクルド人もいれば、勇敢な戦士としての資質を生かし傭兵《ようへい》として活躍するクルド人もあった。セルジューク朝の軍隊に採用されたクルド人のなかには、イラン領内にイクター（分与地、後述）をあたえられ、そこからの税収入によって生活する者もいたという。

また、サラディンの父親のように、人物・才能を認められ、地方統治をになう代官職に抜《ばっ》擢《てき》される者もあらわれた。彼らはもはや山岳地帯で昔ながらの農耕・遊牧生活を送るクルド人ではなく、イスラーム世界の政治にも通じた都市生活者であった。サラディンの出自を考える場合には、まずこの点に注意を払うことが必要であろう。

誕生日の逃避行

　ところで、サラディンの父アイユーブには、息子の誕生を祝って宴の席を設けている余裕はなかった。誕生のその日にタクリートを離れなければならない緊急の事態が生じていたからである。

　原因は兄弟のシールクーフにあった。「信仰のライオン」（アサド・アッディーン）の異名のとおり、勇敢ではあるが、激情家のシールクーフは、一時の感情にかられてキリスト教徒の官吏を殺してしまったのである。

　上役にあたるバグダードの軍事長官ビフルーズは、事件がセルジューク朝当局の耳に入るのを恐れ、アイユーブにたいしてタクリートから即刻に立ち退くことを命じた。この命令に抗弁の余地はなかった。アイユーブとシールクーフは、これ以前にも、ビフルーズの立場を危うくする行動をとっていたからである。

　その事情は以下のようである。一一三一年、セルジューク朝のスルタン・マフムード二世（在位一一一八―三一）が没すると、モスルの君主イマード・アッディーン・ザンギー（在位一一二七―四六）は、この機をとらえバグダードへと軍を進めた。しかしザンギーはカリフ軍によって手痛い敗北を喫し、ティグリス河畔のタクリートをへてモスルへ逃げ帰ろうとした。

　タクリートの渡しでザンギーに協力すべきかどうか、トルコ人の英雄の命は町の代官アイユーブの手中に握られていた。バグダードとの関係を考えればザンギーを捕えるべきであったが、結局、アイユーブはこの敗残の将に手を差しのべたのである。

当然、上役のビフルーズからは厳しく叱責されたものの、この判断は後にアイユーブとサラディンの将来を切り開く重要なきっかけとなった。アラブの歴史家イブン・ワースィル（一二九八年没）は、これを評して、「これがザンギーとアイユーブの幸運の始まりであった。物事には、どんなことであれ原因があるものだ」と述べている。

こうして、サラディン誕生の日に、アイユーブはシールクーフを含む一族をひきいてタクリートを後にし、ザンギーの拠るモスルへと向かった。ザンギーの意向をさぐっている余裕はなく、アイユーブにとってこの逃避行は危険をともなう大きな賭けであったろうと思われる。

2　カリフ権力の衰退と十字軍の侵攻

アッバース朝に陰り

それでは、サラディンが生まれた一一三〇年代のイスラーム世界は、どのような状況にあったのだろうか。ここで歴史を少しさかのぼってイスラームの国家と社会の変化をたどり、そのうえで当時の政治状況のあらましを整理しておくことにしよう。

『騎士道の書』（14世紀）に描かれたマムルーク騎士

「平安の都」バグダードに都をおくアッバース朝（七五〇―一二五八）の繁栄には、九世紀の半ばをすぎるころから、しだいに陰りがみえはじめた。中央アジアやイランばかりでなく、エジプトにも独立の王朝が出現し、カリフの力が及ぶ範囲は目にみえて縮小していった。

たとえば、ホラーサーン総督に任じられたターヒルは、八二一年、カリフへの服従を拒否してイラン東部にターヒル朝（八二一―八七三）を樹立した。また、中央アジアのマーワラーン・ナフル（アム川以東の地域）では、イラン系の土着貴族であったサーマーンが、サマルカンドやヘラートの支配権をあわせ、独立のサーマーン朝（八七五―九九九）を建設した。

いっぽう、エジプトでは、トルコ人マムルーク（奴隷軍人）の息子イブン・トゥールーンが、バグダードへの納税を拒否して独立を宣言し、古都フスタートに拠ってトゥールーン朝（八六八―九〇五）を興した。こうして十世紀末までには、カリフが直接支配できる領域はイラク一州だけに限られる状態となっていたのである。

イスラーム国家の軍隊は、初期の時代には大征服を行ったアラブ人が中核をなしていたが、アッバース朝の成立後は、ウマイヤ朝打倒の革命運動に主力として活躍したホラーサーン軍（イラン東部のホラーサーン地方に定住したアラブ人の子孫）がこれにとってかわった。そして九世紀はじめには、忠誠心があつく、馬上での戦闘技術に優れたトルコ人がマムルーク（奴隷）として購入され、カリフの親衛隊を構成するようになった。

しかし、バグダードの民衆はトルコ人の粗暴な振る舞いに反発し、ホラーサーン軍をはじめとする旧軍も新軍への激しい敵対心をあらわにした。そのためカリフ・ムータスィム（在位八三三―八四二）は、八三六年、これらのマムルークをひきいて北方のサーマッラーへと遷都（八九二年まで）しなければならなかった。しかも皮肉なことに、カリフ権力を支えるために導入されたトルコ人マムルークは、その後しだいに勢力を伸張させ、逆にカリフの改廃すら自由に行うような存在となった。

ザンジュの大反乱

さらに、八六九年に勃発したザンジュ（黒人奴隷）の乱は、カリフ権力を根底からゆるがす大反乱となった。ザンジュとは、私領地（ダイア）所有者によって東アフリカから購入され、南イラクの農場で、塩害になやむ土地の改良事業に用いられた、奴隷の農業労働者である。

厳しい監督のもと、酷暑のなかで働くザンジュは、アラブ人の扇動者アリー・ブン・ムハンマド（八八三年没）にひきいられて反乱を起こし、ウブッラ、バスラ、ワースィトなど南イラク一帯の諸都市を支配下におさめ、バスラの近くに首都ムフターラを建設して「ザンジュ王国」を樹立した。一時は、独自の貨幣を発行し、各地に徴税官や裁判官を派遣するほどの勢いを示したという。

反乱の拡大に手をこまねいていたアッバース朝政府は、八七〇年代の末からようやく本格的な反撃に転じた。カリフ・ムータミド（在位八七〇—八九二）の弟ムワッファクは、鎮圧軍の総司令官に任じられると、まずイラク中部の重要都市ワースィトを奪回した。ついで五万の軍を用いてムフターラを包囲し、八八三年には食料の欠乏に苦しむ首都への総攻撃によって、ようやく反乱軍を鎮圧することができた。ムワッファクが槍先に首謀者アリーの首をかかげてバグダードに帰還すると、まもなくカリフから帝国内の治安が回復された旨の布告が発せられた。

しかし帝国の中心部で十四年にもわたって黒人奴隷の反乱がつづいたことは、カリフ権力の衰退ぶりを改めて内外にしめす結果となったのである。(6)

イクター制が導入される

バグダードの政局が混迷の度を深めていたとき、東方のイランでは新しい勢力が台頭しつつあった。カスピ海西南部のダイラム地方から身をおこしたブワイフ家のアフマドは、九四六年、バグダードに入城してカリフから「大アミール」に任ぜられるとともに、ムイッズ・アッダウラ（「王朝の強化者」の意味）の称号をあたえられた。

これは、実権をもつブワイフ家の君主がカリフによってイスラーム法（シャリーア）の執行者に任じられたことを意味していた。ブワイフ家は穏健なシーア派に属していたから、この任命によって、シーア派の君主が行政を担当し、しかもスンナ派のカリフを保護下におくという奇妙な政治関係が成立したことになる。

これまで帝国を支えてきた官僚と軍隊の手当は、現金俸給の形で支払われてきた。高度に発達した貨幣経済を基礎に、農民から徴収された税収入はすべて現金化され、厳密な予算にもとづいて俸給が支払われたのである。九—十世紀の世界を眺めてみると、これはヨーロッパはもちろんのこと、中国や日本でもまだ実現することのできない先進的な財政システムであった。

しかしバグダードへの納税を拒否する独立王朝の出現によって、国庫収入は低下し、俸給支払いの遅れはしばしば軍隊の反乱を誘発する原因となった。宮廷での乱費も国庫の欠乏をもたらす要因であったといわれる。

ムイッズ・アッダウラがバグダードで実権を握ったときにも、事態は同様であった。配下の軍人への俸給支払い問題に苦慮したムイッズ・アッダウラは、小麦が収穫期を迎える直前の九四六年三月、俸給にかえてイクター（分与地）を授与する政策にふみきった。軍人ごとに土地を指定し、そこから俸給にみあう税額を徴収する権利を認めたのである。これをイクター制という。

イクター制は、ブワイフ朝ばかりでなく、セルジューク朝、イルハン朝、アイユーブ朝、マムルーク朝など後のイスラーム諸王朝でも、軍隊編制と地方統治の要となる制度として広く採用された。サラディンが対十字軍戦争にひきいていった騎士たちもこれと同じイクター保有者であり、彼らには、みずからのイクター収入を用いて定められた数の従者を養い、必要な戦備を整えることが義務づけられていた(7)。

セルジューク朝の覇権

中央アジアで遊牧生活を送っていたトルコ人は、十世紀ころから西方への移住を開始し、アラル海付近でイスラーム世界と接触した。イスラームを受容したトルコ人は熱心な信仰戦士（ガーズィー）となって、周辺の異教徒にたいする攻撃をくりかえし敢行した。

これらのトルコ人のうち、セルジューク家のトゥグリル・ベクは、一〇三八年にイランのニシャープールで王国の樹立を宣言したのに続いて、一〇五五年にはバグダードに入城して、カリフから「スルタン（王）」の称号を授けられた。これが、イスラーム史におけるスルタン制の成立である。

セルジューク朝はスンナ派に属していたから、ブワイフ朝にかわるセルジューク朝の支配は、カリフ権復活の転機になるかと思われた。しかし、セルジューク朝の統治が開始された後にも、カリフが独自の軍隊をもつことは許されず、イスラーム法にもとづく政治の権限はスルタンによって握られていた。

セルジューク朝の版図はイラン・イラクからシリアへと拡大し、エルサレムを管理下におくとともに、アナトリアにも進出してビザンツ帝国の領土を圧迫した。

アルプ・アルスラーン（在位一〇六三―七二）、マリク・シャー（在位一〇七二―九二）と二人のスルタンに仕えたイラン人の宰相ニザーム・アルムルクは、アミール（将軍）たちのイクター保有を管理・統制し、王朝に安定した繁栄期をもたらした。バグダードやニシャープールなどに、みずからの名を冠したニザーミーヤ学院（マドラサ）を建設し、スンナ派の知識人や官吏の養成をはかったことも、重要な功績に数えられる。シーア派の勢力に対抗するスンナ派擁護の政策は、エジプト・シリアを統一したサラディンによっても踏襲されてゆく。

しかし、一〇九二年、ニザーム・アルムルクがイランのアラムート城に拠るニザール派（過激シーアの一派、ヨーロッパではアサッシンの名で恐れられた）の刺客によって暗殺されると、後を追うようにしてスルタン・マリク・シャーも病没した。

これ以後、国家の統一は失われ、スルタンの子弟の養育係から身をおこしたトルコ人のアターベクたちが、各地に独立の政権を樹立しはじめた。モスルにザンギー朝（一一二七―一二二二）を開いたイマード・アッディーン・ザンギーは、もっとも有力なアターベクの一人であった。サラディンの父アイユーブがタクリートで命を救ったのはこの人物である。

カイロにはファーティマ朝

北アフリカで秘密運動を展開したイスマーイール派（過激シーアの一派）のムスリムは、九〇九年、先住民であったベルベル人の支持をえてファーティマ朝（九〇九―一一七一）を建国した。

王朝の君主はアッバース朝のカリフに対抗してみずからカリフを称し、九六九年に念願のエジプト征服を果たすと、フスタートの北に「勝利の都」カイロ（正しくはアル・カーヒラ）を建設し、ここに新首都を定めた。

王朝の版図は、北アフリカ、エジプト、メッカ・メディナの両聖都を含むヒジャーズ地方、さらにセルジューク朝が進出するまでは、シリアのエルサレムやダマスクスにまで及んだ。

この時代、ブワイフ朝治下のバグダードが政治的な混乱期を迎えると、インド洋からペルシア湾を経由する交易ルートはしだいに衰え、かわってアラビア半島の南岸を迂回《うかい》する紅海ルートが脚光をあびはじめた。紅海ルートは、上《かみ》エジプトからナイル川を下ってカイロからアレクサンドリアにいたる交易路へと通じていたから、東西貿易に占めるカイロの比重はしだいに増大していった。

もっともファーティマ朝時代のカイロはもっぱら政治の中心として機能し、経済活動の実権は依然として旧都フスタートの商人たちの手に握られていた。また、ファーティマ朝政府は異教徒にも寛大な政策をとり、多くのキリスト教徒やユダヤ教徒が政治や経済の分野で活躍した。ユダヤ教徒出身であるイブン・キッリス（九九一年没）が、国家の宰相（ワズィール）に抜擢されたのもこの時代のことである。

しかし、ナイルの増水不足に端を発した「七年の飢饉」（一〇六五—七二）によって、王朝の繁栄は急速に失われた。飢饉の蔓延《まんえん》にくわえて、軍閥の抗争や民衆の反乱が頻発し、この間にシリア内陸部の領土はつぎつぎとセルジューク朝の支配下に組み込まれていった。

この危機を救うために、シリアからアルメニア奴隷出身のバドル・アルジャマーリー（一〇九四年没）が宰相として招かれた。彼は精強なシリア軍をひきいてエジプトに到着し、武力によってエジプト社会の秩序と統一を回復した。

カイロ旧市街の北側にあるフトゥーフ門。凱旋門として用いられた

だが、この軍人宰相が没すると、まもなくエジプト・シリアのムスリムたちは、ヨーロッパ各地から聖地エルサレムをめざすキリスト教徒の奇妙な武装集団と相まみえることになる。

ビザンツ皇帝、ついにローマ教皇に援軍を求める

八〇〇年、ローマ教皇レオ三世がカール大帝（シャルルマーニュ）に帝冠をあたえたことにより、西ヨーロッパ世界は民族大移動以来の混乱を収束して、東方のビザンツ世界とは異なる独自の政治勢力としてまとまりはじめた。

その結果、十一世紀ごろまでには、ヨーロッパのキリスト教世界は、ビザンツ皇帝を戴くギリシア正教会とローマ教皇を首長とするローマ・カトリック教会とに二分される状態となった。

両者のうちでは、とくに世俗の王権とローマ教皇とが結びついた西ヨーロッパ世界の政治的な台頭が著しい。また、フランスの片田舎に発した修道院の改革運動はやがて西ヨーロッパ全域に拡大し、王権にたいする優位を説く教皇のもとで、民衆の間にも聖地エルサレムへの巡礼熱がしだいに高まりつつあった。

いっぽう、東方のビザンツ帝国は、七世紀なかばにはイスラーム教徒によってシリア・エジプトを奪われ、さらにトルコ系ブルガール族の進出と国家の建設（八九三―一〇一八）に

よって領土はしだいに縮小した。しかし十一世紀ごろまでのビザンツ皇帝は、ローマ皇帝の正統な後継者をもって任じ、依然として絶大な権力を誇っていた。

だがアレクシオス一世（在位一〇八一—一一一八）の治世になると、セルジューク・トルコ軍のたびかさなる侵入に脅かされ、エルサレムへの巡礼路はしばしば切断された。トルコ軍の圧力に耐えきれなくなったアレクシオスは、ついにローマ教皇ウルバヌス二世にたいして西ヨーロッパからの援軍の派遣を求めたのである。

クレルモンの宗教会議。中央が教皇ウルバヌス２世

神それを欲す——十字軍の開始

これに応えて、一〇九五年十一月、教皇はフランス中部の都市クレルモンに公会議を招集する。「神はキリストの旗手なるあなた方に、（中略）わたしたちの土地からあのいまわしい民族（トルコ人）を根絶やしにするよう……くりかえし勧告しておられる」「エルサレムこそ世界の中心にして、天の栄光の王国である」（橋口倫介『十字軍—その非神話化』）。数千人にものぼる群衆は、こ

のようなウルバヌス二世の言葉に熱狂し、今すぐにでも聖地へ向かおうとする集団がいくつも形成された。

「異教徒と戦うことによって罪を贖うことができる」——このような教えに心を奮いたたせて、騎士と雑多な民衆からなる十字軍が東方への旅に出発したのは一〇九六年八月のことである。

隠者ピエールにひきいられた民衆十字軍は、ライン地方でユダヤ教徒を虐殺したり、各地で乱暴・狼藉《ろうぜき》を働いた末に、一〇九六年秋、コンスタンティノープルにたどり着いた。しかし小アジアに渡った彼らは、たちまちトルコ軍の激しい攻撃にさらされ、まもなく壊滅状態となって軍は消滅した。

いっぽう、諸侯にひきいられた後続の十字軍についてみれば、コンスタンティノープルを出発したフランスのボードワン・ド・ブーローニュは、一〇九八年三月、ビザンツ側の領主からアレッポ北方のエデッサ（アラブ名はルハー）を奪い、オリエントの地に最初のラテン国家（エデッサ伯国、一〇九八—一一四四）を樹立した。

ついで十字軍はトルコ人総督のヤーギ・スィヤーンが守るアンティオキアに向かい、同年六月、苦戦の末にこの町を占領した。イギリスから来たノルマン貴族のボヘモンドと南フランスのトゥールーズ伯レーモン・ド・サンジールは、町の領有権をめぐって激しく対立した。

しかし一〇九九年一月、レーモンがようやくエルサレムへ向けて出発したことにより、ボヘモンドのアンティオキア公国（一〇九九―一二六八）が成立する。なお、レーモンの息子ベルトランが、トリポリ伯国（一一〇九―一二八九）の初代君主となったのは、これからおよそ十年後の一一〇九年のことであった(8)。

十字軍の暴虐――エルサレム王国の成立

当時の十字軍兵士たちは、中央アジアから進出したトルコ人を「下劣な、悪魔の奴隷」とみなし、いっぽうムスリムたちは十字軍を「野蛮なフランク人（フィランジュ）」と呼びならわした。相互理解はまったく成り立っていないのが実情であったといえよう。

しかしアンティオキアから南下した十字軍は、セルジューク朝の領域とベイルート以南のファーティマ朝の領土を何の妨害もなく通過することができた。土地の人びとは、「聖地への巡礼団」に糧食を提供し、道案内までつけたのである。

ところが、一〇九九年七月、エルサレムを攻略した十字軍は、多数のムスリムやユダヤ教徒を虐殺した後に、フランスのロレーヌ公ゴドフロア・ド・ブイヨンを首班とするエルサレム王国（一〇九九―一二九一）を樹立した。聖地が征服されたとき、「岩のドーム」に向き合うアクサー・モスクで殺害されたムスリムの数だけでも七万人に達したといわれる。

エルサレムの武力征服は多くのムスリムに、はかりしれないほどの衝撃をあたえた。パレ

第１回十字軍によるエルサレム占領（ヨーロッパで描かれた14世紀のミニアチュール）

スティナの古都エルサレムは、ユダヤ教徒にとってはソロモンがヤーヴェの神殿を建設した故地であり、またキリスト教徒にとってはイエスの死と再生の舞台としてきわめて重要であった。しかしムスリムにとってもまた、エルサレムはメッカ、メディナにつぐ第三の聖地とされていた。それは、預言者ムハンマドが天馬ブラークに乗ってメッカからエルサレムまで夜の旅をし、この岩から天に昇って神にまみえたとする『コーラン』（十七章一節）の伝承にもとづいている。

つまり、ムスリムにとってエルサレムは現世と来世とを結ぶいわば結節点であった。それゆえに、七世紀後半には、早くも灰白色の、平たい岩を覆って「岩のドーム」が建設され、エルサレムは「聖なる家」（バイト・アルマクディス）と呼ばれるようになったのである。

歴史家のイブン・アルアスィール（一二三三年没）は、この聖都陥落後のようすを、およそつぎのように述べる。

ラマダーン月（一〇九九年八月）になって、逃げのびた人々が裁判官のアブー・サアド・アルハラウィーに率いられてバグダードに到着した。彼らは「御前会議の間」で目に涙を浮かべ、悲痛な思いで人々に訴えた。金曜日の礼拝では、ふたたび涙ながらに助力を求めたが、これがまた人々の涙を誘った。伝えられるところでは、聖都で襲われたムスリムたちのうち、男は殺され、女と子供は捕虜とされ、また財産が奪われた。

カリフは救援を求める使節団を派遣したが、彼らは目的を何一つ達成することなく、途中でむなしく引き揚げた。ムスリムの君主たちは分裂状態にあり、それゆえにフィランジュ（フランクのアラビア語なまり、十字軍を意味する）は諸国を自由に支配したのである。(9)

ここで記されているように、シリアの各地にはセルジューク朝の地方政権が乱立し、エジプトのファーティマ朝にもかつての力はなかった。バグダードのカリフですら、救援の訴えに応えて諸国の兵を動かすことはできなかったのである。

異教徒に聖地を奪われた屈辱の思いは、年とともに人びとの心の底に重苦しく沈殿していったに違いない。この時からおよそ四十年、十字軍にたいして最初に反撃ののろしをあげたのは、サラディンとはかねてから因縁の深いイマード・アッディーン・ザンギーであった。

3　少年サラディン

ザンギーの庇護の下で

さて、話を元にもどそう。一一三七〜八年、赤子のサラディンを抱えたアイユーブの一行は、北へ向かってティグリス川を二百キロメートル余りさかのぼり、ザンギーのいるモスルをめざした。

イブン・シャッダードの『サラディン伝』によれば、モスルの君主はかつての恩人を温かく迎えたという。彼はアイユーブとシールクーフの兄弟を丁重に扱い、二人を軍団の長に任じた。この時、ザンギーは五十代のなかばにさしかかっており、モスルのほかに西のアレッポや南のハマーをも領有する北方イスラーム世界の雄将であった。

ザンギーはトルコ人マムルークを父として生まれ、一一二七年にセルジューク朝のスルタンからモスルの領主に任じられた。このとき同時にスルタンの二人の息子の養育係（アターベク）に任命されたので、これを機にアターベク・ザンギーの名で知られるようになった。

彼は、巧妙なかけひきと武力の双方を用いて領土の拡張に努めたが、一一三九年夏にはセルジューク朝の領主からバールベックを奪い、さらに四四年にはアレッポの北に位置するエデッサ（ルハー）を攻略してエデッサ伯国を事実上消滅させた。

十字軍に対抗する勢力を築くためには、シリアの要衝ダマスクスを併せなければならなかったが、一一四六年、ザンギーはこの目的を達成しないまま、子飼のマムルーク（奴隷兵）によって殺されてしまった。これ以後、十字軍にたいする聖戦の遂行は、すでに二十八歳の青年に達していた息子のヌール・アッディーンへと受け継がれてゆく。

ところで、一一三九年にバールベックを手に入れたザンギーは、この町の統治をタクリートからやってきたサラディンの父アイユーブにゆだねた。アイユーブはふたたび一家をともなってモスルを後にし、レバノン山中に開ける高原の町バールベックへとおもむいた。サラディンは、この時から一一四六年までおよそ八年間をこの町ですごすことになる。ちょうどムスリム、つまりイスラーム教徒としての初等教育がはじまる年ごろにあたっていた。

太陽の町バールベック

ベイルートから車に乗って東の山中に向い、標高約千五百メートルのあたりでレバノン山脈を越えると、眼下にみごとな風景の平野が開けてくる。これがローマの穀倉地帯として知られたビカー平原である。

ビカーとは、アラビア語で「たまり水のある場所」を意味している。東西が約十五キロメートル、南北は約百六十キロメートル、レバノン山脈とアンティ・レバノン山脈に挟まれた細長い形の盆地である。

バールベックのローマ時代の神殿跡

北の山中に源を発するリターニ川によって潤《うるお》された平野は、古来人びとに豊かな自然の恵みをあたえつづけてきた。小麦や大麦などの穀物にくわえて、良質のぶどうやオリーブ、あるいは木綿などを産する肥沃な土地としてよく知られている。

このビカー平野の北の端、リターニ川の水源の近くに位置しているのがバールベックである。ベイルート、トリポリ、ダマスクス、ヒムス、いずれの町からも同じ三日行程のところにあった。

バールベックはフェニキア時代から太陽神（バール）をまつる町であったことにちなんで、ギリシア語ではヘリオポリス（太陽の町）の名でよばれた。もっとも、バールベックが歴史のなかに姿を現わすのは、ローマのカエサルによってここに植民都市が築かれてからのことである。

彼以後、歴代のローマ皇帝は太陽神をまつる神殿の増改築に努め、その巨大な建造物の一部は今でも町中に残り、多くの観光客を集めている。七世紀はじめにこの町を征服したアラブ人は、これらの神殿をもっぱら城塞として利用したといわれる。

十世紀の地理学者ムカッダスィーによれば、「バールベックは古い町であり、郊外には耕地とぶどう園が広がっている」。そして「シリアの町のなかではもっとも涼しく、マルバンと呼ばれる甘い羊肉料理によっても名高い」。

また、十二世紀の地理学者イドリースィー（一一六五年没）は、「バールベックは山のふもとにある豊かな町で、石積みの堅固な城壁に囲まれている。町中を流れる水は、それぞれの家まで引かれている。川岸には粉引き用の水車がおかれ、多くの穀物に恵まれ、ぶどうや各種の果物も豊富である」と述べている。

このようにバールベックは古い歴史を誇り、穀物や果物にも恵まれた豊かなレバノンの町であった。しかもここは標高およそ千百メートルの高原にあり、夏でも比較的すごしやすい自然条件にあった。サラディンは、この「太陽の町」でおそらく快適な子ども時代を送ったに違いない。

イブン・シャッダードが、多少の想像を込めて「バールベックでのサラディンは父の庇護《ひご》の下で成長し、ここで性格の良さが育《はぐく》まれた」と述べているのは、快適で、しかも波乱のないバールベックでの生活を指摘したものであろう。

『コーラン』を暗記する——ムスリムとしての教育

しかし不思議なことに、同時代の史料には少年のサラディンがどのような教育を受けたの

モスクの中庭で『コーラン』を暗記する少年（中国・トルファン）

かはまったく記されていない。レーンプールが述べるように、このことはサラディンが通常のムスリムとほとんど変わらない教育を授けられたことを意味しているのであろう。

　では通常のムスリムは、いったいどのような教育を授けられたのだろうか。アラブの伝記集に記された事例をもとに、当時の教育の課程を概観してみることにしよう。

　ムスリムの初等教育は、五、六歳のころにはじまる。学問のある父親や祖父、あるいは叔父につくこともあれば、クッターブとよばれる近くの「寺子屋」にかようこともあった。

　教育の内容は、アラビア語の読み書きと簡単な算数にくわえて、『コーラン』の暗記が重要な柱をなしていた。全百十四章からなる『コーラン』の暗記は、並大抵《なみたいてい》のことではなかったが、長い年月をかけてこれを達成すれば、「コーラン暗記者」（ハーフィズ）の称号を授けられる栄誉が待っていた。

『預言者と諸王の歴史』を著してアラブ歴史学の基礎を築いたタバリー（九二三年没）は、

七歳のときにはもう『コーラン』のすべてを暗記していたと伝えられる。もちろんこれは例外的に早かったために伝えられた伝承であり、ハーフィズとなるのはもっと遅い年齢であるのが普通だったのであろう。また、勉強の途中で挫折してしまう者も少なくなかったはずである。

ちなみにサラディンがハーフィズとなったとは知られていないので、彼の場合にもおそらく『コーラン』のすべてを暗記するまでには至らなかったものと思われる。

法学が重要

さて、このような初等教育の課程を終えると、さらに学問を志す青少年は、各地の都市に建てられた学院（マドラサ）に入学して、法学・神学・『コーラン』の解釈学・伝承学・歴史学・文法学などのイスラーム諸学や、医学・哲学・数学・地理学・化学・天文学などの「外来の学問」を学んだ。どの科目を選ぶかは本人の自由であったが、日常生活の諸問題を解決するのに不可欠なイスラーム法学の修得がもっとも重要であるとされていた。

また、一つの学院ですべての学問を修得することはまれであって、多くの青少年は科目の修了証書（イジャーザ）を得ると、新しい師を求めてまた別の町へおもむくのが通例であった。このような「学問の旅」を何年も続け、多くの修了証書を手にしてはじめて一流の知識人（ウラマー）となる道が開かれたのである。

サラディンの場合には、クルド人ではあっても、むろんアラビア語による教育が行われた。『コーラン』の言葉であるアラビア語はイスラーム世界の共通語として広く用いられ、またアラビア語による文化活動がどの地域でも主流をなしていたからである。

サラディンが学んだ科目のなかでは、統治者に要求される政治の素養を養うために、イスラーム法学（フィクフ）の修得がもっとも重視されたものと思われる。一人前の騎士となるためには、これ以外に作詩の勉強や馬術・槍術・刀剣術の訓練も不可欠であったが、イスラーム諸学の修得や武芸の訓練は、サラディンが十代から二十代をすごすことになる次のダマスクス時代に行われたとみて間違いないであろう。

主人を変えてダマスクスへ

一一四六年にモスルの君主ザンギーが子飼の奴隷兵によって暗殺されると、セルジューク朝のダマスクス総督は、ただちに兵を発してバールベックを包囲し、この町の奪回をはかった。

サラディンの父アイユーブはこの包囲攻撃によく耐え、最後は交渉によってバールベックを明け渡すかわりに、なにがしかの現金とダマスクス周辺にある複数の村落を獲得することに成功した。そしてこれを機にザンギー朝からセルジューク朝へと奉仕先を変え、ふたたび一家をともなってダマスクスへと移住したのである。

このときの身の処しかたを見ると、アイユーブは政治的な駆け引きにも十分にたけた人物であったことが知られよう。なお、このときサラディンはまだ八歳の子どもであったが、これ以後、エジプトに政権を樹立する三十代はじめまでの二十年余りをシリアの首邑《しゅゆう》ダマスクスで送ることになる。

歴史のなかのシリアは、アラビア語で「シャーム」とよばれる。現代のシリア共和国のほかにレバノン、パレスティナ（イスラエル）、ヨルダンの国々をまとめて示す用語である。「シャーム」とは「北の国」を意味するが、これはシリアがアラビア半島のアラブ人からみて北方に位置していたからだという。

この広大なシリア地方の中心都市として、早くから野心のある政治家や軍人、あるいは商人や学者や旅人などを引きつけてきたのがダマスクスであった。とくにウマイヤ朝（六六一―七五〇）の首都に定められてからは大いに繁栄し、八世紀はじめにはムスリムの増大に対処するために、聖ヨハネ教会を改修してウマイヤ・モスクがつくられた。

アッバース朝（七五〇―一二五八）の時代を迎え、バグダードに新都が造営されると、ダマスクスは地方都市の一つに転落したが、これ以後もシリア第一の都市として一定の繁栄を保ちつづけ、宮廷のサロンを中心に独自の文化が育まれた。

町々の中の花嫁

ダマスクスは、しばしば「地上の楽園」にたとえられる。一一八四年にこの町を訪れたイブン・ジュバイルは、

東方の楽園、優雅に輝く美の昇る地、われわれが探索したイスラームの国々の究極の地、われわれが面紗《ベール》を剝いだ町々の中の花嫁。ダマスクスは芳香馥郁《ふくいく》とした花々で飾られ、庭園の錦の衣をまとって現われ、美しさでは確固たる位置を占め、最も美しく飾られて花嫁の椅子についている。(10)

と述べて、ダマスクスに最大級の賛辞を捧げている。また、十二世紀の地理学者イドリースィーは、もう少し具体的に、つぎのように述べる。

ダマスクスはシリア最大の都市であって、地勢に恵まれ、空気はよく、水も豊富である。果物がたくさん穫れるので収入があがり、駐屯する軍人の数も多い。また建物は堂々としている。そしてこの町にはカシオン山とグータの耕地が属している。町は各種の高級な絹織物を産し、各地の都市へと運ばれる。(11)

城壁に囲まれた町なみは、聖なるカシオン山の向こう側、アンティ・レバノン山脈に源を発するバラダー川の水によってうるおされ、その伏流水が町の東南部に広大なグータの森をつくりだす。

ミシュミシュ（アプリコット）、桃、なし、アーモンド、オレンジ、白樺などの樹木がうっそうと繁り、夏でも至るところに涼しい木陰ができている。

一四〇一年、征服者ティムールがアラブの著名な歴史家イブン・ハルドゥーン（一四〇六年没）を招いて会見したのもこのグータの森であった。ちなみに、グータの森の名物ミシュミシュは、成熟するとすぐに味が変わることでよく知られた果物である。そのため「ミシュミシュにかけて明日」といえば、ほとんど実現の可能性がない明日の約束を意味するのだという。

ダマスクス郊外のグータの森

サラディンが移住したころの市街地の中心は城壁の内側にあったが、今になっては、彼の一家がどのあたりに居を定めたかを確かめることはむつかしい。いずれにせよサラディンは、少年時代から青年時代へかけての月日をすごしたダマスクスをことのほか気に入っていたらしい。政権を握ってからは、活動の主たる舞台はエジプトのカイロへ移ったが、時としてダマスクスを訪れれば、父とヌール・アッディーンとのもとですごした二十年余りの年月を懐かしく思い出すことができたのであろう。

4 ヌール・アッディーンとの出会い

アレッポの君主

ザンギーの死後、シリア・イラクの北部にあるその領土は二人の息子によって分割された。アレッポには弟のヌール・アッディーン・マフムード（在位一一四六―七四）が立ち、モスルには兄のサイフ・アッディーン・ガーズィー（在位一一四六―四九）が君臨することになった。

これ以後しばらくの間、アレッポとモスルの兄弟間には微妙に緊張した空気が漂うが、三年後の一一四九年、ヌール・アッディーンがアンティオキア公国に侵攻してレーモンを戦死させたときから、シリアの政治情勢はアレッポの君主、ヌール・アッディーンを中心に回りはじめる。

ルイ七世とコンラート三世にひきいられた第二回十字軍（一一四七―四九）は、前年の夏からそれまで十字軍と気脈を通じていたダマスクスの包囲に取りかかっていた。しかし、形勢がしだいに不利となっていた十字軍は、レーモン戦死の報に接すると、ただちに包囲軍を解いて、シリア内陸部から撤退せざるをえなかった。

兄弟しめしあわせて——ダマスクス併合

混乱の続く十字軍諸侯の目には、ヌール・アッディーンがたちまちのうちに恐るべき強大な敵へと成長したように見えたに違いない。まだ三十を少し越えたばかりの若者であったが、父ザンギーの意思を継承し、スンナ派のムスリムを結集して十字軍に対抗する体制づくりを着々と進めつつあったからである。

そして一一五四年には、父がなし得なかったダマスクス併合をあっさりと実現し、シリア内陸部にある主要都市のすべてをその支配下に収めることに成功した。これは、エルサレム王国の建設以降、五十年余りにしてはじめてイスラーム世界に芽ばえた「統一への動き」であった。

しかも面白いことに、このダマスクス併合では、サラディンの父アイユーブと叔父のシールクーフの二人が、映画のシナリオさながらにとびきり重要な役割を演じた。

前述のように、ザンギーの死後、アイユーブはバールベックからダマスクスへと居を移し、セルジューク朝へと奉仕先を変更していた。いっぽう、シールクーフはあくまでもザンギーへの忠義をつらぬき、アレッポで息子のヌール・アッディーンに仕えていた。しかしヌール・アッディーンがアレッポからダマスクスへの進出を決意すると、二人は事前に十分な協議を重ね、市内にいるアイユーブの協力によって無血のうちに開城が実現したのである。

公正の王

では、サラディンの先駆者ともいうべきヌール・アッディーン（一一一八―七四）とは、いったいどのような人物だったのだろうか。

『名士列伝』の著者として名高いイブン・ハッリカーン（一二八二年没）は、「彼は、公正な王にして、敬虔な禁欲者、神を怖れる者、善良な民にイスラームの法を施す者であり、また神の道に精進する者である」と述べている。当時の人名事典に多少の美辞麗句はつきものであろう。しかしヌール・アッディーンの場合には、どうやら本当に敬虔で、しかも真面目な人間であったらしい。

イスラーム世界史である『完史』を著したイブン・アルアスィールも、「ヌール・アッディーンはイスラーム法を重んじ、それにのっとって政治を行った。また、諸都市に『公正の館』を建設し、裁判官を脇において自ら民の訴えを裁いた」と記している。[12]

このようにヌール・アッディーンは、イスラーム法にもとづく公正な政治を心がけるいっぽう、異教徒との戦闘に臨めば無類の勇敢さを発揮した。

常に二組の弓と矢筒とを持って戦うのが彼の習慣であった。ある法学者が「イスラームとその信者のためにも危険は冒さないほうがよろしいのでは」と忠告したのにたいして、「これまで諸国とイスラームを守ってくださったのは誰なのか、それは唯一なる神以外にはありえない」と答えて、これを一蹴したという。

この逸話からは、危険をかえりみることなく、常に軍隊の先頭にたって異教徒と戦う、一《いち》途《ず》で勇敢な君主のイメージが浮かびあがってくる。政治的な駆け引きとはあまり縁のない、まっすぐな性格の人物だったのであろう。

学院を多く建設する

しばらく途絶えていた聖戦（ジハード）を十字軍にたいして積極的に提唱したのもこのヌール・アッディーンであった。イブン・アルアスィールによれば、「ヌール・アッディーンは、長身で肌は浅黒く、口のまわり以外には髭がなかった。またその額《ひたい》は広く、容姿端麗であって、涼しい目の持ち主であった」という。

また、この君主は公共の福祉政策にも意欲的に取り組んだ。ハナフィー派とシャーフィイー派法学（いずれもスンナ派）を研究・教育するための学院（マドラサ）を数多く建設し、モスルにはみずからの名を冠したヌーリーヤ・モスクを建造した。

シーア派の勢力に対抗してスンナ派の学者や官吏を養成しようとする政策は、父のザンギ

ヌール・アッディーンがモスルに建設した「大モスク」。曲がったミナレットで知られている

ーがセルジューク朝政府から踏襲したいわば「国策」であった。彼は学者や信仰に携わる人びとを尊重し、これらの人びとと席をともにしているときには、彼らに異論を唱えることはなかったといわれる。また、学者たちと意見を交換するときには、みずから筆をとって手紙を書いたという故事にもその誠実な人柄をみてとることができよう。

ヌール・アッディーンは、モスクや学院のほかに病院や隊商宿（ハーン）の建設にも力を注ぎ、さらにこのころから民間に影響力を持ちはじめた神秘主義の聖者（スーフィー）のために各地に修道所を建造した。

九世紀以降のスンナ派の学者たちは、修行によって神との一体感を求める神秘主義を正統な信仰にそむくものとして厳しく批判してきた。しかし十二世紀ごろまでには、このような批判も影をひそめ、神秘主義は新しい信仰のありかたを示すものとして民間に広く定着していたのである。

齢十四にしてイクターを授かる

ヌール・アッディーンとサラディンとの出会いは、ヌール・アッディーンのダマスクス併合（一一五四年）以前にさかのぼる。

一一五二年、サラディンはヌール・アッディーンに仕えるべくダマスクスからアレッポへとおもむき、叔父のシールクーフと合流した。このときサラディンはすでに満十四歳の少年に成長していた。両者の出会いをアブー・シャーマ（一二六八年没）はつぎのように述べる。

この年（五四六／一一五二）、サラディンは父の下を離れ、アレッポへ赴いて叔父のシールクーフに仕えた。叔父はサラディンをヌール・アッディーンの御前へ連れて行った。ヌール・アッディーンはサラディンを迎え入れ、上等のイクターを授与した。(13)

前述のように、イクターとは君主から臣下の騎士にあたえられる分与地のことである。したがってサラディンがイクターを授与されたことは、ヌール・アッディーンに仕える一人前の騎士として公に認められたことを意味していた。

現代の感覚からすれば、十四歳はまだ未熟な少年であるが、当時のイスラーム世界では、かぞえ年の十五歳は刀剣を帯び、ムスリムとしての義務を果たすべき成人がはじまる年齢であった。この年に父の下を離れたのも、そこには「成人としての旅立ち」の意味が込められていたからであろう。

サラディンは、成人のはじまる年からエジプトに政権を樹立するまでの約十七年間、アレッポとダマスクスでヌール・アッディーンに仕えた。この間に「ヌール・アッディーンはサラディンを脇において引き立て、彼を頼りにし、またよく面倒をみた」といわれる。サラディンより二十歳年上のこの君主は、公正な政治家であると同時に、勇敢なムスリムの戦士でもあった。

大人となったサラディンはこの君主から何を学びとったのだろうか。もう少し具体的に考えてみることにしよう。

並はずれた愛顧

まずサラディンの父アイユーブについてみると、ヌール・アッディーンのダマスクス入城まで敵側のセルジューク朝に仕えていたにもかかわらず、兄弟のシールクーフによるとりなしによってヌール・アッディーンからイクターを授与され、引きつづきダマスクスに留《とど》まることができた。後にはダマスクスの町の統治権すら委《ゆだ》ねられている。おそらく、ダマスクス開城にあたって、ヌール・アッディーンに協力したことが高く評価されたのであろう。

サラディンについては、ヌール・アッディーンがダマスクスに入城した一一五四年に、ダマスクスの軍事長官（シフナ）と官庁（ディーワーン）の監督に任じられたことだけが知られている。しかし十六歳のサラディンには荷が重かったのであろうか、「官庁の長官」であるアブー・サーリムとの間に確執を生じ、わずか数日でこの職を放棄してアレッポへおもむいた。

ヌール・アッディーンはアブー・サーリムの非をとがめ、その髭をそったうえで市中引きまわしの刑に処した。ここにもサラディンにたいするヌール・アッディーンの並はずれた愛顧のさまをみてとることができよう。アレッポの歴史家イブン・アビー・タイイ（一一二八―三三年ころに没）は、つぎのように述べる。

ヌール・アッディーンはサラディンには特別に目をかけ、側近の一人に加えた。そのためサラディンは平時にあっても、遠征時にあっても常にヌール・アッディーンと行動を共にしていた。またサラディンはポロの競技には誰よりも優れた技量を発揮したが、ヌール・アッディーンも同じくポロの競技を趣味としていた(14)。

エーレンクロイツは、この記事をもとに、サラディンはヌール・アッディーン付の副官に抜擢されたと述べているが、ここにはそのような軍隊上の官職は記されていない。それより修行時代のサラディンにとっては、ヌール・アッディーンに従って数多くの戦闘に参加した経験の方が重要であったろうと思われる。

武将としての素養を吸収した

一一五一～二年、ヌール・アッディーンはエデッサ伯のジョスリン二世を捕虜としたのに続いて、五七年には海岸都市のバーニヤースを十字軍から奪回し、さらに五九年、エルサレム王国のボードワン三世との間に和議を結ぶと、小アジアに侵入してルーム・セルジューク朝（一〇七七―一三〇八）から諸城塞を奪いとった。サラディンはこれらの体験を通じて、戦略上のかけひき、戦況の判断、軍隊の掌握の仕方などを学び、徐々に武将としての素養を身につけていったのであろう。

なお、サラディンが得意にしていたとされるポロ（アラビア語ではクラ）は、古代ペルシアに起源をもつ伝統ある馬術競技であり、この時代にはアラブ騎士道（フルースィーヤ）を究めるための競技として盛んに行われた。ムスリムの君主となるためには、統治に必要なイスラーム法や宗教の知識ばかりでなく、このような騎士にふさわしい武芸も身につけていなければならなかったのである。

史料は、サラディンがヌール・アッディーンの聖戦思想にどの程度の影響を受けたのか、という点については沈黙を守っている。しかし少なくとも、十字軍との戦いの姿勢をみるかぎり、両者の間に大きな相違が認められないことだけは指摘できるであろう。

『回想録』の著者ウサーマ

ところで、サラディンがヌール・アッディーンに従ってダマスクスへやってきたのと時を同じくして（一一五四年）、カイロからアラブの騎士ウサーマ・イブン・ムンキズ（一〇九五―一一八八）がこの町に到着した。

アラブの騎士ウサーマが生まれたシャイザル城

ウサーマは十字軍騎士との交遊をつづったユニークな『回想録』の著者としてよく知られている。北シリアのオロンテス川沿いにあるシャイザル城主の子として生まれたが、ダマスクス滞在中の一一五七年、シリアを襲った大地震によって城が完全に崩壊し、一族のすべてを失うという悲劇を体験した。[15]

ウサーマは詩文の才能に恵まれ、またアラブ騎士道（フルースィーヤ）にも長《た》けた文武両道に秀でた人物であった。ただ不思議なことに、ウサーマは一一五四年から六四年まで十一年間にわたってヌール・アッディーンに仕えたにもかかわらず、『回想録』のなかでは、いわば「同僚」のサラディンについて一言も触れていない。

四十歳以上も年上のウサーマにとっては、サラディンはまだあまり目立たない存在だったのであろうか。

ともあれ、ウサーマがダマスクスを後にして北イラクに向かった一一六四年は、奇しくもサラディンが勇猛な叔父に促されてはじめてエジプトへ軍を進める年に当たっていた。

5　エジプト遠征

十字軍、エジプトに侵攻す

エルサレム王国の建設から半世紀以上を経て、十字軍はしだいに厳しい状況に追い込まれていた。ヨーロッパ諸国からの移住者の数は依然として少なく、十字軍の「貧血状態」が解消される見込みは乏しかった。しかもヌール・アッディーンがアレッポとダマスクスを統合したことによって、東方からの圧力はいちだんと強まりつつあった。

一一六三年、ボードワン三世が子どもを残すことなく没すると、その弟のアモーリー（英語名はアマルリック、在位一一六三―七四）がエルサレム王国を継承した。果敢な性格のアモーリーは、十字軍勢力が陥っていた閉塞状態の打開を、南方の強国であるエジプト侵攻に求めた。仮にヌール・アッディーンがシリア内陸部とエジプトを統合することになれば、十字軍にたいするイスラーム側の包囲網はほぼ完全なものとなってしまう恐れがあったからである。

一一六三年の九月にスエズを通過した十字軍は、カイロの北東約六十キロメートルにあるビルバイスの町を包囲した。しかし九―十月はナイルの増水が最高潮を迎える時期にあたっており、エジプト側は堤防を切ることによって難なく異教徒の敵を撃退することに成功した。

こうしてエジプトへ侵攻しようとするアモーリーの最初の試みは完全な失敗に終わった。だが十字軍がエジプト侵攻を目論《もくろ》んだことを契機として、歴史の舞台はシリアからエジプトへと大きく転回しはじめたのである。

シャーワルの救援要請

いっぽう、ファーティマ朝治下のエジプトも、宰相（ワズィール）位をめぐる権力争いによって政局は極度に混乱していた。カリフに政治の実権はなく、イスラーム法の執行は軍人あがりの宰相に委ねられていた。

上エジプトの総督職にあったアラブ人のシャーワルは、一一六三年、念願の宰相職を手中にしたが、まもなく政敵のディルガームによってこの職を追われ、そのままエジプトを後にしてシリアへと落ちのびていった。

ダマスクスにたどり着いたシャーワルはヌール・アッディーンに援軍を求め、宰相職への返り咲きに軍事的な援助を要請した。ヌール・アッディーンにとっても、これはエジプト介入のための絶好の機会であった。さっそく、腹心の将軍、シールクーフにシリア軍派遣の準備を命じ、これに甥《おい》のサラディンをともなってゆくことを指示したのである。

しかしサラディンは叔父に従ってエジプトへ行くのには消極的であった。イブン・シャッダードの『サラディン伝』には、「シールクーフはサラディンが嫌ったにもかかわらず、彼を伴ってエジプトに軍を進めた」と記されている。

レーンプールはこの意思表示を、詩や学問を好むもの静かなサラディンの性格が現われたものと解釈し、反対にエーレンクロイツは遠征中のサラディンの軍事行動を考えればこの解釈はあたらないとしている(16)。

サラディンが軍事より学問を好んだかどうかは不明であるが、エジプト行きに当初はかなり消極的であったことは認めなければならないであろう。ちなみに、この時サラディンはすでに二十六歳の青年になっていた。

結局は失敗――第一回エジプト遠征

シールクーフにひきいられたシリア軍は、一一六四年五月にエジプトへ到着した。サラディンも一軍の指揮官に任じられていたが、同時にシールクーフの相談役を務めていたというから、この一代の武将も甥の見識にはよほど厚い信頼をおいていたのであろう。「シールクーフはサラディンに相談したり、彼の意見を聞いたりしないかぎり、何事も裁決しなかった」とさえいわれる。

カイロ郊外へと進軍したシールクーフはまもなくディルガームを殺害し、シャーワルをファーティマ朝の宰相に復職させることに成功した。しかし復位したシャーワルは、今度はシールクーフの勢威を恐れるあまり、シリア軍にエジプトからの立ち退きを要求するに至ったのである。

シールクーフはビルバイスまで退き、ここに戦略上の拠点を定めて、サラディンに物資補給の責任を委ねた。いっぽう、単独でシリア軍に勝つ見込みのないことを知ったシャーワルは、十字軍のアモーリーに援軍の派遣を求めた。「シリア軍によるエジプトの支配はエルサレム王国の存在をも危うくするでありましょう」というのが勧誘の言葉であった。

パレスティナからふたたび軍を発したアモーリーは、ビルバイス近郊まで進出すると、シャーワル配下のエジプト軍と連携してシリア軍を包囲する態勢を固めた。しかしアモーリーには自軍を犠牲にしてまで危険をおかす意図はなかったから、同年十月には三万ディーナールの受け取りを条件に包囲を解き、シールクーフのシリア帰還を承認した。

この間にダマスクスの君主ヌール・アッディーンは、シリア北方の十字軍領域に出撃して後方支援を行ったが、シールクーフによる最初のエジプト遠征は結局失敗に終わった。サラディン自身も目覚ましい活躍はほとんどなし得なかったように思われる。

ヌール・アッディーンはこの結果には当然不満であったし、シールクーフも「肥沃なエジプト」を目のあたりにして、再度の遠征をひそかに決意したと伝えられる。

またも成果なし――第二回エジプト遠征

シリアに戻ったシールクーフは、ただちに新しい遠征の準備にとりかかった。ヌール・アッディーンもこれに協力して自らの軍を割き、二千騎をシールクーフの指揮下に移したという。その結果、遠征軍の総数は一万二千騎に達したと伝えられるが、当時の軍事力を考えると、この数には誇張が含まれている可能性が高い。

いずれにせよ、一一六七年のはじめ、再編制されたシリア軍は、シールクーフの指揮の下に、依然として気の進まないサラディンをともなってエジプトへと出発した。

いっぽう、シリア軍のエジプト侵攻が迫っていることを知ったシャーワルは、ふたたびアモーリーに援軍の派遣を求めた。シールクーフ配下のシリア軍とアモーリー配下の十字軍はほとんど同時にエジプトへ到着したといわれる。

十字軍・エジプト軍の連合軍とシリア軍との戦いは、上エジプトのバーバインで行われた。シリア軍は激戦の末に連合軍にたいして圧倒的な勝利を収め、ついでその住民がシリア軍への支持を表明していた地中海岸のアレクサンドリアをめざした。

ところがシールクーフがふたたび一軍をひきいて上エジプトへ向かうと、連合軍は後に残ったサラディンが拠るアレクサンドリアを包囲する態勢を固めたのである。しかしサラディンは、三ヵ月間にわたってこの包囲攻撃によく耐え、連合軍との間に、すべての外国軍が即時にエジプトから撤退する旨の協定を結ぶことに成功した。

後世の歴史家マクリーズィー（一四四二年没）によれば、サラディンはアモーリーと会見して、停戦後にアレクサンドリアで捕えられたエジプト人捕虜の釈放を要求したという。しかしこれをもって、サラディンの英雄的な行動を高く評価したアモーリーが、みずからのキャンプに敵の武将を招いたとするのは、あまりに飛躍した解釈であろう(17)。

たしかにサラディンはこの遠征ではじめて歴史の表舞台に登場し、軍隊を指揮して戦闘を行うとともに敵軍との交渉にもあたった。しかしそのような活躍にもかかわらず、シリア軍はふたたび何の成果もあげることなくダマスクスへと引き揚げざるを得なかったのである。

地中海に面するアレクサンドリアの町並み

アモーリーの野心

しかしシールクーフとサラディンには、まもなく三度目のエジプト遠征のチャンスが訪れる。

一一六八年十一月、ふたたびパレスティナを発したアモーリーとその配下の十字軍は、シリア軍不在の機をとらえてさらに強固なエジプト支配を目論んでいた。ファーティマ朝の宰相シャーワルもまだ親アモーリーの態度を変えていなかった。しかし異教徒による支配に危機感を抱いたカリフ・アーディド（在位一一六〇—七一）は、窮状を訴えるために妻の髪の毛を同封してヌール・アッディーンに手紙を送り、三たびシリア軍のエジプト派遣を要請したのである。

この要請に応えてヌール・アッディーンは、シールクーフに援軍編制の準備を命じた。シールクーフには、子飼いのマムルーク騎士五百を含む自軍のほかに、ヌール・アッディーンの軍隊二千騎とトルコマーン（トルコ系遊牧民）の傭兵六千騎の指揮権があたえられた。今回もサラディンを同行してのエジプト遠征であったが、サラディン自身は後に「いちばん乗り気でなかったのは私であり」、「まるで死にに行くかのような気持ちであった」と述懐している。

この間にアモーリー配下の十字軍はビルバイスを襲って略奪と殺戮をほしいままにし、さらにファーティマ朝の首都カイロに迫ろうとしていた。エジプト支配の野心をあらわにしたアモーリーは、「ビルバイスは私のチーズであり、カイロは私のバターである」と公言してはばからなかった。

フスタート炎上

しかし十字軍と気脈を通じていたシャーワルにしても、異教徒による首都の占領だけは何としても阻止しなければならなかった。敵に物資を渡さないためには、経済の中心である古都フスタートを焼くほかはない。

こう判断したシャーワルは、黒人奴隷兵に命じて大量のナフサを集め、住民を避難させたうえでフスタートに火を放った。一一六八年十一月十三日にはじまるこの火災について、史書にはつぎのように記されている。

フランク（十字軍）についていえば、彼らはフスタートへと軍を進めた。そこでシャーワルはフスタートを焼くことを命じ、住民には「退去するようにとの」警告を発した。人々はわれ先にと町を脱出し、エジプト各地に避難先を求めた。カイロへ荷を運ぶラクダ一頭の賃料は三十ディーナールにも達し、そのため人々がやむなく放棄した多くの財産は略奪の対象とされた。フスタートでの出火はサファル月九日（十一月十三日）のことであり、火は五十四日間にわたって燃え続けた。(18)

前述したように、十世紀に入ってバグダードが政治的混乱に陥ると、東西を結ぶ交易ルートは東のペルシア湾ルートから西の紅海ルートへと大きく転換しつつあった。紅海ルートは

フスタートの廃墟からアムル・モスクを望む。建物の向こう側がナイル川（川床睦夫氏撮影）

イエメンのアデンを起点にして紅海西岸のアイザーブから上エジプトのクースに至り、ナイル川を経てカイロを通過し、さらに地中海岸のアレクサンドリアまで達していた。

このルートで活躍したのが「胡椒《こしょう》と香料の商人」と呼ばれたカーリミー（カーリム琥珀に由来する名称）商人である。彼らはアデン港でインド商人から香辛料・木材・絹織物・陶磁器など東方の物産を買いつけると、これを新都カイロへ運ぶとともに、アレクサンドリアの商館でイタリア商人に売り渡したのである。

ただ、十二世紀なかばのカイロはもっぱら政治の中心として機能し、経済活動の中心は依然として約三キロメートル南の旧都フスタートに置かれていた。しかし、この大火によってフスタートの経済的機能は一挙に失われ、その後、この商業都市がかつての繁栄を取り戻すことは二度となかった。

現在でもフスタートを訪れれば、アムル・モスクの裏手に広大な廃墟が広がっているのを目にすることができる。(19)

シールクーフが甥のサラディンをともなってエジプトに到着したのは、一一六九年一月一日のことであった。まだフスタートでは町を焼く黒い煙が盛んに立ちのぼっていたはずである。

第二章　エジプトの若きスルタン

1　アイユーブ朝の創設

二ヵ月の宰相――シールクーフの栄光とあっけない死

シリア軍がカイロに迫っていることを知ったアモーリーは、新たな敵軍との接触をさけてビルバイスまで撤退し、そのまま女・子どもを含む一万二千のエジプト人捕虜をつれてパレスティナへ引き揚げた。

代わって一月八日にカイロへ入城したシールクーフ配下のシリア軍は、解放者として町の住民から熱烈な歓迎を受けた。ただちにファーティマ朝のカリフ・アーディドと会見したシールクーフは、カリフから「名誉のガウン」を授けられ、民衆が歓呼するなかをガウンを身にまとって軍営に帰還したという。得意満面なシールクーフの顔が目の前に浮かんでくるようである。

これまで老獪《ろうかい》なかけひきによって保身をはかってきた宰相シャーワルも、味方の十字軍がエジプトを離れた今は、カリフとシールクーフの接近を手をこまねいて眺めているほかはなかった。

窮余の一策としてシールクーフとの会見を求めたが、サラディンとその同僚によって捕えられ、処刑の後、その首はカリフの下に届けられた。シリア軍のカイロ入城後十日目のことであった。歴史家イブン・アルアスィール（一二三三年没）は、『コーラン』の章句を引用して、シャーワルの腹黒い甘言を「悪魔は人にいろいろと約束し、その欲情を煽るが、彼の約束はみな偽りばかり」（四章百二十節）と評している。

翌日、カリフの宮殿にはいったシールクーフは、ファーティマ朝の宰相（ワズィール）に任じられ、「勝利の王」の称号をあたえられた。第一回のエジプト遠征（一一六四年）以来、シールクーフは何とかしてこの「肥沃な国土」を手中にしたいものと念願していた。三度目にしてようやく宰相の座を獲得し、長年の夢はようやく現実のものとなったのである。

実際の政務はサラディンに預け、シリア軍にたいして生活の基礎となるイクター（分与地）の配分を行わせたりした。しかし、彼の得意の時もそう長くは続かなかった。宰相となって二ヵ月あまり、肉食を好む「シリアのライオン」は、飽食による肥満が原因で、急な死を迎えねばならなかったからである。一一六九年三月二十三日のことであったが、なぜか、その年齢を伝える同時代史料は残っていない。

大勢はすでにサラディンに傾いておりますぞ

シールクーフの没後、エジプトの政権は誰が担うべきなのだろうか。宰相への就任はファーティマ朝カリフの承認を必要としたが、人選はエジプトを支配するシリア軍の合意を得たうえで行われなければならなかった。シリア軍の中心はヌール・アッディーンに直属するヌーリーヤ軍と死亡したシールクーフのアサディーヤ軍とからなっていた。

ヌーリーヤ軍のなかには政権担当に意欲を示すサラディンの母方の叔父シハーブ・アッディーン・マフムードがおり、いっぽうのアサディーヤ軍側では、シールクーフの生前の意思を推し量ってサラディンを宰相に推す空気が強かった。

数日の間に、さまざまな説得と工作が行われた。野心家のシハーブ・アッディーンにたいしては、「サラディンはあなたの姉妹の息子なのだから、彼が王権を握っても、あなたが握ることと同じでありましょう。それに大勢はすでにサラディンに傾いておりますぞ」との説得がなされたという。クルド人のサラディンが選出されることにたいして、トルコ人アミール（武将）たちの反対もあったが、結局シリア軍の意思はサラディン選出の線でしだいに統一されていった。

若き宰相の誕生

これと並行してカリフの宮廷では、次期宰相を任命することなく、この機会にカリフによる親政を開始すべきだとの強硬論がもちあがった。しかしシリア軍との協調を主張する反対派もあり、宮廷内の意見はまとまらなかった。

しかし最後には、シリア軍の決定にしたがって宰相を任命するという妥協派が優位となり、この態度がシリア軍側に伝えられた。歴史家イブン・ワースィル（一二九八年没）の解釈によれば、カリフがこの案に賛成したのは、独自の軍隊をもたず、有力な補佐役もいないサラディンが宰相になれば、結局はエジプト側の有利になるだろうとの判断からであったという。

サラディンは、一度はこの決定に従うことを拒否したが、説得されて宮廷におもむき、ファーティマ朝の高官とシリア軍のアミールたちが居ならぶなかで宰相への就任式が行われた。カリフ・アーディドから「勝利の王」の称号授与につづいて「宰相のガウンと剣」がさずけられ、正式の就任が決まった。

一一六九年三月二十六日、まだ三十歳を少し越えたばかりの若き宰相の誕生であった[1]。後世の歴史家は、一一六九年をもってサラディンの父の名にちなむアイユーブ朝（一一六九―一二五〇）創立の年とみなしている。形式上はまだファーティマ朝の宰相であったが、実権を掌握したサラディンは独自の政策を次々と実行にうつし、ファーティマ朝自体も数年後には消滅してしまうからである。

私の命令もなしに……

ところで、シールクーフの宰相就任以来のエジプト政局の変動を、シリアのヌール・アッディーンはどのように見ていたのだろうか。

ヌール・アッディーンの立場からすれば、シールクーフにしても、またサラディンにしても、みずからに従属する一介の武将にすぎなかった。したがって、シリアのザンギー朝から離れてエジプトに独自の王朝を樹立しようとする企ては、主従の関係を踏みにじる許しがたい行為であると受け止めていたはずである。

ファーティマ朝のカリフは、援軍派遣のみかえりに、エジプトにおける国庫収入の三分の一をシリアに送る約束をしていた。しかしシールクーフが宰相に就任してからは、このシリア軍司令官が送金の全責任を負うことになった。彼はシリアへの送金を引き延ばし、シーア派であるエジプトのカリフにたいしても好意的な態度をとりつづけた。スンナ派を奉ずる厳格なヌール・アッディーンにとっては、この態度もみずからの宗教政策に背くものと映ったに違いない。

ヌール・アッディーンはシリアにあるシールクーフのイクターを没収し、ただちにシリアへの帰還を命令した。しかしシールクーフの突然の死によって、この危機はいったんは回避されたかのように思われた。

ところが、シールクーフにつぐサラディンの宰相就任は、ヌール・アッディーンにたいしてさらに大きな衝撃をあたえることになった。サラディンが成人してから十七年間、もっとも目をかけてきた最愛の家臣の行動をすぐには理解できなかったのであろう。アブー・シャーマの『二つの庭園』には、

ヌール・アッディーンは、「私の命令もなしに、サラディンはどうしてこのような事をしでかしたのだろうか」と嘆いた。彼はこの件にかんして何通もの手紙を書いたが、サラディンはその言葉に耳を貸そうとはしなかった。(2)

と述べられている。この記事によれば、サラディンは宰相就任の当初からすでに独立の腹を固めていたように思われる。

シリア軍のなかには、ヌール・アッディーンのよびかけに応じてシリアへ戻るアミールも何人かはいた。しかしサラディンを推挙したアミールたちの多くは、やはりシリアからの離脱を強く望んでいたのであろう。

いずれにせよ、かつての主人であるヌール・アッディーンとの確執は、これ以後、数年にわたってサラディンの行動に大きな影を落としていくことになる。

牛力によって運河から水を汲みあげる揚水車。下エジプトの農村

エジプトの魅惑

シールクーフやサラディンをこのようにエジプトへと引き付けたものは何だったのだろうか。一言でいえば、それは「エジプトの魅惑」であった。「エジプトはナイルの賜《たまもの》である」。このヘロドトスの言葉どおり、シリアやイラクの「肥沃な三日月地帯」と比べてみても、エジプトはさらに豊かな穀倉地帯であった。

単位面積あたりのエジプトの税収入は、シリアの約一・五倍に達したといわれる。また、当時のヨーロッパでは小麦一粒あたりの平均収量が五、六粒であったのに対して、エジプトでは、ナイルの増水が順調でさえあれば、二十—三十粒の収量を期待することができた。

ナイルの渇水期に揚水車（サーキヤ）を用いて栽培される棉、胡麻、砂糖きびなどの夏作物も、貴重な商品作物としてすでにエジプトの各地に広まっていた。とくに砂糖きびを原料とする砂糖（スッカル）の生産は、エジプトの新しい輸出産業として、めざましい発展をはじめようとしていた。エジプトやシリアの砂糖を味わった十字軍の騎士たちは、これをヨーロッパにもち帰ってシュクル（仏語）やシュガー（英語）の名を故郷に広めたのである。

サラディン時代にエジプトを訪れたイブン・ジュバイルは、その魅力を、つぎのように記している。

「（下《しも》エジプトの）ダマンフールはアレクサンドリアからその地を過ぎてミスル（フスタート）へと広がる広大な土地の中の平野にあって城壁で囲まれた町であった。平地は全て耕地であって、ナイル川は流れを全てにゆきわたらせるのである。村々は右手にも左手にも数えきれないほど多く見られた。われわれは、この日、マリージと呼ばれる美しい土地を通過したが、建物は軒を並べ、村々はわれわれの道中、整然と並んでいた。」(3)

ここに引用したのはエジプトにかんする記述のごく一部であるが、この短い文章からもエジプトの豊かさの一端をうかがうことは十分に可能であろう。十字軍にたいするサラディンの軍事行動を可能ならしめた経済的基礎は、この肥沃さにあったといっても過言ではない。

当時の知識人は、このような風土の魅力に動かされて、『エジプトの魅惑』と題する書物を数多く著した。スユーティー（一五〇五年没）の『エジプト史の魅惑』はその代表作であるが、そこには、水こそが豊かさの源であるとして、「水の流れる運河は、金《かね》の流れる運河と同じである」と記されている。

ナイルの水に潤されたおおらかな自然と歴史の国エジプトは、古くから多くの人々を引き寄せる不思議な「魅惑」を備えていたのである。

2　バイナル・カスラインの戦い

宰相の館

ファーティマ朝末期の宰相は、カイロの城壁内に建てられた「宰相の館」(ダール・アルウィザーラ)に住むのが慣例であった。

現代の市街地の北東部、ナスル門を入って南に三百メートルばかり歩くと、「バイバルスの隊商宿」という名の古い建物につき当たる。かつての「宰相の館」はこの建物のあたりに置かれていたが、マムルーク朝(一二五〇―一五一七)時代になってから、アミール・バイバルス・アルジャーシャンキール(一三一〇年没)によって隊商宿に改築された。現在は、この「隊商宿」の前を細い路地がはしり、周囲は民家や小さな商店によってびっしりと取り囲まれている。

サラディンも、宰相に就任すると、この「宰相の館」に居を定めた。この館はファーティマ朝の軍人宰相バドル・アルジャマーリー(一〇九四年没)によって建設され、以来エジプト行政の要として機能してきた政務機関であった。

ここに落ち着いたサラディンは、諸地方に手紙を書き送って人心の掌握をはかるとともに、酒（ハムル）を絶ち、娯楽を遠ざけて身を慎んだと伝えられる。当時のアラブやクルド騎士の間では、飲酒は必ずしも忌むべき習慣ではなかったようであるが、サラディンは酒を絶つことによって、これまでの迷いを振り払い、ムスリムの君主として生きてゆく決意を固めようとしたのであろう。

直属軍団を編制

しかし宰相に就任したサラディンには多くの難問が待ちかまえていた。カイロ市中にはサラディンの命をねらう親ファーティマ朝の分子が潜んでいたし、シリアからいつヌール・アッディーンの軍隊が送られてくるかもわからなかった。また、エルサレム王国のアモーリーも密かにエジプト侵攻のチャンスをうかがっているに違いなかった。これらの問題に対処するためには、信頼するにたる独自の軍隊を編制することがまず第一の課題であった。

サラディンは、エジプトに残ったシリア軍のなかから、クルド人とトルコ人マムルーク（奴隷兵）を選抜して直属の新しい軍団を編制した。この軍団はサラディン（サラーフ・アッディーン）の名にちなんでサラーヒーヤ軍とよばれたが、その数について正確なことは分からない。一一八一年の調査によれば、エジプト正規軍の総数は八千六百四十騎であったから、サラーヒーヤ軍はおそらく数千騎の規模であったろうと思われる(4)。

いずれにせよ、これらの軍隊には生活を維持していくための収入源が必要であった。

イクター分与

小麦の収穫期にあたる一一六九年の初夏、サラディンは、シリアでの経験を基礎に、ファーティマ朝の軍人たちが持っていた土地を没収し、これをシリア軍の騎士たちにイクター(分与地)として授与する政策を実施した。シリア軍へのイクター授与はすでにシールクーフの時からはじまっていたが、サラディンはこれをさらに大規模な形で推し進めたのである。

新宰相のサラディンは、政権の安定化をはかるために、ファーティマ朝のカリフとは協調の姿勢をとり、カイロ市中をカリフとならんで行進するパフォーマンスさえ演じてみせた。しかしエジプト軍からの土地没収は、カリフ政権をその根もとから掘り崩そうとする容赦のない政策であった。このことから判断すれば、サラディンを敵にたいして常に寛容で、しかも慈悲ぶかい性格であったとみなすのは、やはり単純にすぎるであろう。

エジプトへのイクター制の導入によって、サラディン配下の騎士たちは、イクター収入を用いて軍備を整え、配下の兵士や従者たちを養ってゆくことになった。エジプトでの主食は小麦を原料とする平たいパン(フブズ)であるが、これ以後、イクターをフブズの別名でよぶことが習慣となったのは、イクターがアミールや騎士たちの「主要な糧」とみなされたからであろう。政治的な理由や病気のためにイクターを没収されれば、騎士たちは「浪人」（バッタール）として不遇な時をすごさなければならなかったのである。

黒人奴隷兵

ここで、サラディンの政権奪取にたいして激しい反発を示した黒人奴隷兵について、簡単に述べておくことにしよう。

マムルークがトルコ人、スラヴ人、ギリシア人、アルメニア人などの「白人」奴隷兵を意味したのにたいして、アフリカ大陸からもたらされる黒人奴隷兵は、スーダーン（スーダーン出身者）あるいはアビード（奴隷を意味するアブドの複数形）の名でよばれた。

黒人奴隷そのものは、イスラーム時代の初期から、カリフの宮殿や富裕な家庭で家事労働や雑事に広く用いられていた。前述したように、九世紀後半に南イラクで反乱を起こしたザンジュは、土地の改良事業に投入された黒人奴隷であるが、このような農業奴隷の使用は、イスラーム世界では珍しいことであった。また、同じアッバース朝時代のイラクでは、一団の黒人奴隷が将軍の私兵として採用された事例もいくつか知られている。

しかし、黒人奴隷兵がもっとも大量に購入され、しかも正規軍のなかで重きをなしたのは、ファーティマ朝時代のエジプトにおいてであった。

九六九年にファーティマ朝がエジプトを征服したとき、その軍団のなかにはザウィーラとよばれる黒人奴隷兵の一団が含まれていた。彼らはフェッザーン地方の首都ザウィーラを中心に活動する奴隷商人によって購入された奴隷たちであった。九七二年に新都カイロが完成すると、ザウィーラ軍は城壁内に居住区をあたえられ、やがてその地区はザウィーラ街区の名で知られるようになった。

そしてカリフ・ムスタンスィル（在位一〇三六—九四）が即位すると、ザウィーラ軍とは別に大量の黒人奴隷兵（アビード）が購入されるようになった。カリフの母親が黒人奴隷の出身であり、彼女は同郷の黒人奴隷兵を増強することによって宮廷政治に介入しようとしたからである。

しかし「黒人奴隷兵に恩寵の雨を降らせる」政策は、同じカリフ軍を構成していたトルコ人やダイラム人（イラン西北部のダイラム地方出身者）の不安と憎悪をかきたてる結果をもたらした。一〇六二年から、両者の間に「国土を荒廃に導く抗争」がはじまったといわれる。

結局、トルコ・ダイラムの連合軍は黒人奴隷兵を上エジプトへと追放したが、ファーティマ朝の末期になると、黒人奴隷兵はエジプト軍のなかで、ふたたびあなどりがたい勢力を持つようになっていた。サラディンによって土地を没収されたエジプト軍のなかには、これらの黒人奴隷兵が多数含まれていたのである(5)。

サンダルから露見——宦官ムータミンのたくらみ

バイナル・カスラインとは、「二つの宮殿の間」を意味するアラビア語である。城壁に囲まれたカイロ市街のほぼ中央部、南北に走るムイッズ・リッディーン・ラー通りをはさんで東大宮殿と西小宮殿が向かいあって建ち、両宮殿の間には公式行事やパレードのために広い空間が設けられていた。

現在はいくつものモスクに隣りあって各種の商店がぎっしりと立ちならぶ市街地へと変貌し、カイロのなかでも、とくに下町情緒あふれるにぎやかな庶民地区として親しまれている。土産物《みやげもの》を求めて観光客が訪れるハーン・アルハリーリーの西半分は、この地区に属しているといっていいだろう。

カイロ旧市街の中央にあるアズハル・モスク。972年に完成。イスラーム諸学の研究・教育機関の中心として現在に至っている

一一六九年八月、この広場を舞台にしてサラディンの軍隊と黒人奴隷兵との間に激しい戦闘が行われた。事の発端は、前述したサラディンによるエジプト軍からの土地没収であった。

この当時、ファーティマ朝カリフのもとで

ハーン・アルハリーリーの一角にある生薬商（カイロ）

は、ムータミン・アルフィラーファとよばれる黒人宦官《かんがん》が宮廷を牛耳《ぎゅうじ》っていた。サラディンによる土地没収を「王朝転覆の危機」として受け止めたムータミンは、十字軍勢力と結んでサラディン政権の転覆をはかったのである。

イブン・アルアスィールの『完史』は、ムータミンの策謀が露見したようすを、つぎのように語っている。

彼ら（ムータミンの一味）は信頼のおける人物に手紙を託し、十字軍からの返事を待つことにした。この使いが（ビルバイス近くの）「白い井戸」に到着したとき、一人のトルコマーン（トルコ系の軍人）に出会った。トルコマーンはこの男が新しいサンダルをはいているのを見て、「みすぼらしい姿の男が古いサンダルをはいていないのはおかしい」と疑った。サンダルがサラディンのもとに届けられ、壊してみると、果たしてサンダルから（十字軍あての）手紙が発見された[6]。

宮廷の陰謀を知ったサラディンは、機先を制して首謀者であるムータミンを殺害した。

一気に殲滅

この処置に激昂した黒人奴隷兵はカイロ市中に続々と集結しはじめ、その数は五万人に達したといわれる。

カリフがどちらの側につくかは、いまだ不明であったが、サラディンはこの機をとらえて黒人奴隷兵の勢力を一気に殲滅《せんめつ》しようと目論んでいたらしい。

戦いは、同年八月二十二日にはじまった。サラディンは宰相の館に軍の拠点を定めて市街戦を指揮したが、カリフが黒人奴隷兵を見かぎったのを機に形勢はサラディン側に傾いた。黒人たちは南のズワイラ門からナイル西岸のギザへと敗走し、これを追ってサラディンの兄トゥーラーンシャーによる徹底した掃討作戦が行われた。この作戦によって黒人奴隷兵の勢力はエジプトから一掃され、これ以後、黒人奴隷兵がアイユーブ朝やマムルーク朝の正規軍に採用されることはなかった。

ムータミンを殺害したサラディンは、シリア軍の指揮官であったトルコ系の白人宦官バハー・アッディーン・カラークーシュをその後任に指名した。これ以後、カラークーシュはエジプト行政の改革に並はずれた敏腕ぶりを発揮することになる。この人事によって、サラディンはファーティマ朝カリフの宮廷を完全な指揮下においたとみてよいであろう。

両宮殿を一族やアミールたちの住居に指定するとともに、ズワイラ門外にあった黒人奴隷兵の街区をとり払って、ここに新しい住宅地が建設された。これを機に、カイロの町なみはズワイラ門外の西南部へと広がってゆくことになる。

裁判官の入れ替え

バイナル・カスラインの戦いから約二ヵ月後、ダミエッタ沖に姿を現わした十字軍艦隊は、この港町からエジプトへの侵入をはかった。しかし海中に鉄鎖を張った港の守りは固く、まもなく艦隊はダミエッタからむなしく引き揚げざるを得なかった。翌一一七〇年二月には、ダマスクスからサラディンの父アイユーブがカイロに到着した。これもエジプトの情勢が落ち着きを取り戻しはじめたことの結果と考えてよいであろう。

シリアのヌール・アッディーンは、かねてからシーア派のファーティマ朝を廃してエジプトをスンナ派世界に取り込むことを主張していた。「スンナ派の復活」という点に限っていえば、サラディンにも異論はなかった。しかしこの復活によってエジプトがシリアに従属するような事態になることは避けなければならず、計画はシリアとエジプトの双方をにらんで慎重に進める必要があった。

サラディンがまず手をつけたのは、エジプトでの環境づくりであった。一一七〇年秋にシャーフィイー派とマーリク派（いずれもスンナ派の法学派）の学院（マドラサ）をカイロに建設したのに続いて、一一七一年四月には甥のタキー・アッディーン・ウマルによってさらに立派なシャーフィイー派の学院が完成した。

この間にサラディンはシーア派の首席カーディー（裁判官）をカイロから追放し、後任にスンナ派のイブン・アルダルバスを抜擢した。これと同時にエジプト各地にもスンナ派の裁判官を送り込み、シーア派裁判官との入れ替えを推し進めた。

スンナ派の復活

このような強権発動が成功した後では、時機を選び、首都のモスクでスンナ派の復活を公に宣言すれば、それで十分であった。ファーティマ朝カリフの病状が進んだ、ヒジュラ暦五六七年ムハッラム月（一月）の第一金曜日（一一七一年九月十日）が実行の日と定められた。『二つの庭園』の著者アブー・シャーマは、つぎのように述べる。

シリア海岸にあるジャバラのモスク内部。右手が説教壇（ミンバル）、左手がメッカの方角を示すキブラ壁

ムハッラム月の第一金曜日に、サラディンはフスタート（のモスク）でアッバース朝カリフのために説教（フトバ）を読むことを命令した。次いで第

二金曜日には、カイロで同様の説教が行われ、エジプトのカリフの名はフトバから削除された。カリフ・アーディドは同じ月の十日（西暦一一七一年九月十三日）に宮殿で没した。ファーティマ朝の滅亡によって一つの時代が終わったのである。(7)

毎週、金曜日正午の集団礼拝に先立って行われる説教（フトバ）に、時の主権者の名を入れることがイスラーム世界の古くからの習慣であった。サラディンはこのフトバにアッバース朝のカリフ・ムスタディー（在位一一七〇―八〇）の名を入れることによって、スンナ派の復活を宣言したのである。

ファーティマ朝の滅亡

みずからスルタン（王）を名乗ることをせず、しかも自分の名前さえフトバに入れなかったのは、依然として「サラディンの主君」をもって任ずるヌール・アッディーンをできるだけ刺激しないための配慮であった。また、この年発行された新しい貨幣にムスタディーとヌール・アッディーンの二人の名を刻み込んだのも同様の配慮からであろう。

イスラーム世界を統一するためには、スンナ派ムスリムの象徴であるアッバース朝カリフの権威に頼ることがなお有効であった。実際の軍事力はなかったが、ムハンマド没後の伝統を継承するカリフの権威は人々の心のなかに深く定着していたからである。

スンナ派復活の知らせは、手紙によってエジプト各地の都市に伝達され、ほとんど何の反対もなく受け入れられた。そして一一七一年九月十三日、この変更を知らないままカリフ・アーディドが息を引き取ったことにより、ファーティマ朝は完全に滅亡し、名実ともにアイユーブ朝の時代がはじまったことになる。

サラディン自身はスルタンを名のらなかったものの、同時代の歴史家たちが彼を最高権力の保持者である「スルタン」と記しているのは、おそらくこのためであろう。

3　サラディンの補佐役たち

ナジュム・アッディーン・アイユーブ

前述のように、ファーティマ朝のカリフ・アーディドはサラディンに有能な側近のいないことにわずかな望みを託したが、現実にはサラディンは優れた補佐役に恵まれていた。政権獲得後の若いスルタンを支えたのは、これらの補佐役陣であったといってもよい。ここでサラディンの政策を立案し、その行動に指針をあたえた重要なブレーンを何人か紹介しておくことにしよう。

まず、ナジュム・アッディーン・アイユーブ。

サラディンの父アイユーブのことである。その補佐役の筆頭に父親のアイユーブをあげるのは奇妙に思われるかもしれない。しかし政権の樹立後一年足らずしてカイロにやってきたアイユーブは、サラディンに貴重な忠告を行う重要人物であった。とくにサラディンの宰相就任を機にこじれはじめたエジプト・シリア関係を調整するうえでは、複雑な政治情勢をくぐり抜けてきた経験豊かな人物の存在が不可欠であったといえよう。サラディンの招きを受けたアイユーブが、シリアのヌール・アッディーンにエジプト行きの許可を求めたとき、ヌール・アッディーンは快くこれを承認した。ヌール・アッディーンには、アイユーブを通じてスンナ派復活の意思をサラディンに伝え、これを強く促す目的があったものと思われる。

その効果がどれほどのものであったかは不明であるが、前述のようにサラディンは慎重な準備を整えたうえでスンナ派の復活に踏みきった。しかし一一七一年十月、サラディンがシリア南部の町シャウバクにたいして行った遠征をめぐって、ヌール・アッディーンとの関係はふたたび悪化しはじめたのである。

サラディンがシャウバクの十字軍を包囲したとの情報を得たヌール・アッディーンは、ダマスクスから兵を出して十字軍の領土を北方から侵略する態勢を整えた。しかし、もしサラディンがシャウバクを奪えば、シリアとエジプトを隔《へだ》てる障壁はなくなり、ヌール・アッディーンはそのままエジプトまで軍を進めるに違いないと忠告された。

一説によれば、この忠告を受けてサラディンはさっそく十字軍と和議を結び、エジプトへと引き揚げてしまったという。撤退の真の理由はアラブ遊牧民との戦いによるサラディン軍の疲弊にあったらしいが、いずれにせよこの行動を不可解なものとみなしたヌール・アッディーンが、今度は本当にエジプト進軍を決意したとの情報がもたらされたのである。サラディンはエジプトでの独立を保つことができるかどうかの瀬戸際に立たされた。甥のタキー・アッディーンは、「ヌール・アッディーンがやってきたときには、われわれは戦って彼をエジプトから撃退すべきである」と主張した。一族の者やアミールたちもこの意見に賛同したが、父のアイユーブだけは反対であった。

思慮深い父

彼はサラディンに向かってこう述べたという。

もし私やそなたの叔父がヌール・アッディーンに会ったとすれば、私たちは彼の前にひれ伏すしかないし、もし彼が剣でそなたの首を打てといえば、そうせざるを得ないのだ。なぜなら、この国土は彼のものであり、私たちは彼の僕《しもべ》に過ぎないのだから。したがって私は次のような手紙を書くことが得策と考える。「エジプトへ向けて軍を動かすとうかがいましたが、どうしてそのような必要があるのでしょうか。ここにはあなたに刃向かう者など誰一人としておりません」(8)。

アイユーブも、仮にヌール・アッディーンが「エジプトの砂糖きびを一本でも奪おうとしたら、最後まで戦う」腹を固めていたが、まずは穏便な手段によって事を収めようとしたのである。事実、サラディンからの手紙を受け取ったヌール・アッディーンはエジプト遠征をひとまず中止し、父のアイユーブが予測したとおりの結果となった。

イブン・アルアスィールによれば、一一七三年五月にもサラディンはシャウバクとカラクを包囲したが、ヌール・アッディーンの軍が接近してきたことを知ると、またもやエジプトへと引き揚げてしまったという。しかし事実は、この遠征の目的は十字軍と結託したアラブ遊牧民を討つことにあり、ヌール・アッディーンの軍隊が接近してきたとすることも誤りである。

ただ、あくまでもヌール・アッディーンとの接触を避け、シリアへ現金や現物を贈ることによって「主人」の気持ちをなだめることがサラディンの基本政策であった。こうしてヌール・アッディーンは、エジプト問題を思いどおりに解決できないまま、一一七四年五月、扁桃腺の化膿によって不慮《ふりょ》の死をとげることになる。

結局のところ、慎重な行動を求めるアイユーブの忠告が、思わぬことからサラディンの独立維持を可能ならしめたといえよう。なお、父アイユーブの死はこれより約一年はやい一一七三年八月のことであり、不注意による落馬が原因であったと伝えられる。

カーディー・アルファーディル——技術官僚の典型

裁判官（カーディー）の肩書きをもつアルファーディル（一一三五—一二〇〇）は、サラディンの宰相就任時からその死に至るまで、第一の側近として国政の改革にたずさわった。サラディンはエジプト行政に豊富な経験をもつこの同年配の補佐役を厚く信頼し、その忠告には進んで耳を傾けたという。新生のアイユーブ朝国家は、三十を越えたばかりの若い二人の人物によって担われることになったのである。

アルファーディルはパレスティナの海岸都市アスカラーンに生まれたが、十四歳のころには早くもカイロの文書庁に採用され、ついで軍務庁の長官に抜擢された。スンナ派のムスリムであったにもかかわらず、ファーティマ朝の宮廷は彼の文書作成能力を高く評価し、やがて宰相シャーワルの秘書として用いられるようになった。シャーワルの殺害後はシールクーフに仕え、さらにその死後は新宰相のサラディンに仕えてエジプト行政の改革に力を発揮したのである。宗派の違いを越えてさまざまな主人に仕え、やがて高位の職を獲得する技術官僚の典型といってよいであろう。

新宰相のための最初の仕事は、その就任を宣言する公式文書の作成であった。サラディンを「勝利の王」としたのに続いて、文書には「そなたは聖戦（ジハード）のミルクを飲む幼児であり、その胸に抱かれる赤子である。戦いに備えて槍を掲げ、刀の海に飛び込む準備を整えよ」と記された。(9)この文書が、一一六九年三月二十六日、ファーティマ朝カリフの宮廷で読みあげられたのである。

もっとも、ここにジハードへのよびかけが記されているからといって、サラディンが宰相就任のときからすでにエルサレム奪回を決意していたとは考えにくい。十字軍との本格的な戦いは、エジプトの内政を整え、シリアを統合（一一七六）してから、ようやく現実の日程にのぼってきたからである。

なお、サラディンは、一一七六～七年、それまでメッカのアミールが巡礼者に課していた税を廃止し、このアミールには代わりに年収が小麦八千アルデブ（約七十二万リットル）のイクター（分与地）を上エジプトにあたえることにした。巡礼者の保護を目的とするこの布告は、アレッポに住むあるウラマー（知識人）からの訴えを受けて発布されたが、おそらくアルファーディルとの周到な協議を経て実行に移されたものと思われる。

また一一八一年八月某日付けのアルファーディルの日記によれば、この年スルタン・サラディンは軍人たちが保持するイクターの調査と税収入の増減を確認する作業を行った。これは軍隊制度を整えるためには不可欠の調査であったが、これがその日記に記されていることは、アルファーディルみずからが深いかかわりをもつ調査だったからであろう。

書記のイマード・アッディーン

サラディンの生涯を綴った『シリアの稲妻』の著者イマード・アッディーン・アルイスファハーニー（一一二五—一二〇一）は、イランの古都イスファハーンに生まれた。少年時代を生まれ故郷ですごした後、バグダードへ出て法学や伝承学などのイスラーム諸学を勉強し、さらにモスルへと遊学の旅を続けた。バグダードでカリフの宰相に仕えたのをかわきりに、ダマスクスではヌール・アッディーンの知遇を得てその書記（カーティブ）に任じられ、さらに彼のために建てられた学院の講師を務めた。

イマード・アッディーン『シリアの稲妻』の写本、第５巻の冒頭

しかし一一七四年、ヌール・アッディーンが没すると敵対者によってこの地位を追われ、モスルに退いたが、翌年、サラディンがエジプトからシリアに進出した機会に歓迎の詩を献呈し、これが縁となってサラディンに用いられた。イマード・アッディーン、五十歳のころのことであった。サラディンは、行政官であると同時に優れた文人でもあったイマード・アッディーンを厚く用い、死に至るまでの約二十年間、常にこの側近と行動をともにしていたとい

われる。

前述のカーディー・アルファーディルは、戦乱によって荒廃したエジプト社会の復興事業に忙殺され、とかくスルタンの側を離れがちであったから、とくにシリアについては、アルファーディルの代理としてその「窓口」の役割を果たす必要があった。しかも十字軍とのほとんどの戦いに従軍したイマード・アッディーンは、戦局に応じて発布すべき公式文書の起草にも携《たずさ》わった。当時の人びとが彼を「書記のイマード・アッディーン」とよぶのはそのためである。

しかし、その役割は文書の起草だけに限られたのではなく、時には戦略についての忠告も積極的に行っていたらしい。

一一八九年の末、アッカーをめぐる攻防（後述）が膠着《こうちゃく》状態に陥ったとき、サラディンの陣営では戦いの進め方について意見がわかれた。サラディンは、敵の数は現在は少ないが、新年になれば増強される恐れがあるので、ただちに攻撃に移るべきだと考えた。これにたいしてアルファーディルは、ムスリム軍は、五十日もの間武具をつけて馬上にあるために士気が衰えているので、援軍を待ったほうが得策であると主張した。

いっぽう、イマード・アッディーンは、今ならば海側の門は開いているが、ムスリム軍が退けば、この門もやがて閉ざされてしまうに違いないと反論した。結局、この時はアルファーディルの意見に従って軍を退けたが、結果は、イマード・アッディーンの主張した通り、

海側の門は閉ざされ、十字軍の守りはさらに強化されることになったのである。(10)

イブン・シャッダード――外交を担当

モスル生まれのイブン・シャッダード（一一四五―一二三五）がサラディンに仕えるきっかけとなったのは、彼が『聖戦《ジハード》の美点』と題する書をスルタンに献呈したことにあった。イブン・シャッダードみずからが述べるところによれば、「サラディンはこの聖戦論にいたく感銘し、私にいつも彼の側にいるように求めた」のだという。一一八八年七月、エルサレムはすでにイスラーム側の手に渡り、サラディンも五十歳をいくつか越えたころのことである。

モスルで勉学を修めたイブン・シャッダードは、バグダードの名門ニザーミーヤ学院で四年間にわたって助教授を務め、モスルに戻ってからは、ザンギー朝の君主からバグダードのカリフやサラディンへの使節として何度も遣わされた。

また一一八八年、ヨルダン川西岸のカウカブを包囲していたサラディンは、メッカ巡礼から戻る途中のイブン・シャッダードを陣中に招き、預言者ムハンマドの言行を伝えるハディース（伝承）について講義を受けたという。したがって側近として仕える以前から、二人は親しい顔見知りの間柄であったことになる。

では、晩年のサラディンに仕えたイブン・シャッダードは、スルタンの傍らにあってどのような役割を演じたのであろうか。

まずサラディンがあたえたのは、軍隊付の裁判官と聖都エルサレムの裁判官という栄誉ある職であった。しかし、この二つの職については、イブン・シャッダードが具体的にどのような仕事をしたのかは残念ながらよくわからない。むしろカリフやスルタンへの外交使節として活躍した経歴を生かし、サラディンのもとでもムスリム諸侯にたいする援軍の要請や十字軍との折衝《せっしょう》にあたることが多かった。

アッカーの攻防に際しては、スィンジャール、イルビル、モスルへとおもむいて、それぞれの領主にジハードへの参加をよびかける使節に選ばれた。また後述するように、第三回十字軍のリチャード獅子心王を相手とする和平交渉では、サラディンの相談役として重要な役割を演じたこともイブン・シャッダードの功績に数えられよう。

イブン・シャッダードは、サラディンの没後もその息子たちに仕え、アラブ伝記文学のなかでも記念碑的な作品に数えられる『サラディン伝』を完成したのは、一二二九年のことであった。九十一歳の長寿をまっとうし、一二三五年シリアの北の町アレッポで没した。(11)

4　イエメン征服の謎

トゥーラーンシャーの派遣

父のアイユーブが亡くなった翌年の一一七四年二月、サラディンは兄のトゥーラーンシャーをアラビア半島のイエメンに派遣した。

トゥーラーンシャーは、みずからの軍団にサラディンから預かった千騎を加え、武器や食料を運ぶ一隻の船をともなって紅海を渡り、メッカから南下して、五月にはザビードまで進軍した。エジプト軍は土着勢力の抵抗を退けてさらに南下を続け、同年六月には半島南端にある港町アデンを征服した。

アデンはインド、エチオピア、南イランなどを結ぶ豊かな国際貿易港であった。アデンを征服したエジプト軍が町の略奪をはじめようとしたとき、トゥーラーンシャーはこれを止めて、つぎのように述べたという。

われわれはこの地方を略奪するためにやって来たのではない。われわれはここを統治し、建設するために来たのだ。ここへの進出を福利へと転じなければならないのだから、一つとして略奪の対象とすることは許されない。(12)

この記事によれば、アイユーブ朝政府はある程度長期的な支配をめざしてイエメン遠征を行ったことになる。遠征の理由については後に検討するが、アデンについでサナーを征服したトゥーラーンシャーは、エジプトの場合と同様に、イエメン各地のモスクでアッバース朝

ホンディアスが描いたアラビア半島（1606年）
(Arabia in Early Maps, p.62. より)

カリフの名による説教（フトバ）を復活した。これまでイエメンはファーティマ朝カリフの宗主権のもとにおかれ、シーア派の影響が色濃く残っていたのである。

こうしてイエメン地方をアイユーブ朝支配下においたトゥーラーンシャーは、二年後の一一七六年、アラビア半島を離れてシリアへと向かった。後には町ごとに代官（ナーイブ）を残し、それぞれに徴税と治安維持の権限をゆだねた。

アイユーブ朝のイエメン統治は、土着のアラブ部族がしばしば反乱を企てたためにきわめて不安定であった。しかし必要に応じてエジプトから援軍を派遣することにより、その支配は半島西部にトルコ系のラスール朝（一二二九―一四五四）が勃興する十三世紀初頭まで続いてゆくことになる。

陰謀発覚

ところでサラディン治下のエジプト社会は、一一六九年の宰相就任以降、しだいに落ち着きを取り戻しつつあった。しかし黒人勢力を一掃してからも、カイロには依然としてファーティマ朝の復活を目論むグループが残っていた。

中心のメンバーは、サラディンによってその職を追われたシーア派の裁判官やかつてのファーティマ朝軍隊の高官、黒人奴隷兵、さらには旧宰相の子どもたちであった。彼らは今度もエルサレム王国のアモーリーやシシリー島の十字軍と気脈を通じ、反乱計画への協力をよびかけた。

また、その理由は不明であるが、サラディン配下のアミールや軍人の一部までがこのグループに加わっていたといわれる。これらの人物のうちの一部は、あるいはサラディンから送り込まれたスパイ（ジャースース）であったのかもしれない。

一一七四年に入り、小麦の収穫期を迎えてアイユーブ朝の軍人たちが徴税のためにそれぞれのイクターへ出向き、カイロの警備が手薄となる初夏が蜂起の時と定められた。トゥーラーンシャーがイエメン遠征の途上にあり、エジプト正規軍の一部がこの遠征に投入されていることも反乱者には好都合であった。

しかし一味とみられていたスンナ派の神学者ザイン・アッディーン・アリーは、計画の全貌を知るといち早くこれをサラディンに通報したのである。ファーティマ朝の関係者は一つの家に隔離され、四月から尋問による摘発が開始された。逮捕者はスンナ派裁判官による審理をへて次々と処刑されていった。

エーレンクロイツによれば、首謀者の処刑はとりわけ苛酷をきわめたという。陰謀を説いた詩人のウマーラは、処刑後、宮殿前の広場に遺体をさらされ、またシーア派の裁判官アウリーの遺体は目抜き通りの入り口に放置された[13]。

たしかに、親ファーティマ朝の勢力が残っているかぎり、サラディンの政権は不安定であった。国内体制の基盤を固めるために、サラディンはこの機会を利用してファーティマ朝の残存勢力を徹底して取り除こうとしたのであろう。

結果をみると、この政策はみごとに功を奏し、以後、この種の敵意がサラディンに向けられることはなくなったのである。サラディンにとって悩みの種であったシリアのヌール・アッディーンが突然没したのも、反乱者の処刑を終えた同年五月のことであった。

イエメン遠征の理由

それでは、なぜこの時期にサラディンはイエメン遠征を決意したのであろうか。同時代史料はその理由をさまざまに伝えているが、G・R・スミスの研究によれば、それらの情報は、つぎのようにまとめることができる[14]。

①　ハワーリジュ派の勢力を取り除くための宗教的理由

ハワーリジュ派とは、六五七年に第四代カリフのアリー（在位六五六―六六一）とウマイヤ朝を興したムアーウィヤ（在位六六一―六八〇）が戦ったとき、両者の政治的妥協を不満としてアリーの陣営から離脱した原理主義の一派を意味する。

彼らは『コーラン』の規定にもとづく神政国家の樹立を理想に掲げ、各地で激しいゲリラ活動を続けたが、八世紀以降はしだいに衰え、やがて、その活動の舞台は、東アラビアと北アフリカに限られた。

サラディンは、イエメンの町ザビードにハワーリジュ派を称する男が現われ、みずからの名においてモスクでの説教（フトバ）を行うとともに、ムスリムから財産を略奪し、飲酒にふけっているとの情報を得た。ザビード周辺の土着諸侯から救助を求められたサラディンは、ヌール・アッディーンの許可を得たうえでトゥーラーンシャーを討伐軍の司令官に任命した。

②　詩人ウマーラの説得による派遣

イエメン生まれの詩人ウマーラはシーア派に属していたが、アイユーブ朝の宮廷に出入りし、トゥーラーンシャーとも親しい関係を保っていた。彼はトゥーラーンシャーに対してイエメンをアイユーブ朝の版図に組み込むことを熱心に説き、これが実を結んでイエメン遠征が実現した。しかし、そのいっぽうで、ウマーラはファーティマ朝の復興を目論む反乱計画にも荷担し、仲間には「私がトゥーラーンシャーをイエメンに遠ざけたのだ」と自慢していたというが、真相は不明である。

③ ヌール・アッディーンからの避難場所の確保

前述のように、一一七一年のシャウバク遠征以後、サラディンとヌール・アッディーンの関係は極度に悪化し、ヌール・アッディーンが機会をとらえてエジプトに侵攻してくる恐れは十分にあった。サラディンはそのときの避難場所を探して、一一七三年、トゥーラーンシャーをまずヌビアに派遣したが、土地は貧しく、気候も悪いことが判明した。その結果、第二の候補地としてイエメンが選ばれたのである。

④ 経済的理由

イエメンからの税収入を期待して遠征が行われたことは、史料には明記されていない。しかしトゥーラーンシャーがアデンの略奪を禁止し、「われわれはここを統治し、建設するために来たのだ」と述べたことは、この遠征には経済的な動機もあったことを示している。

⑤ サラディンは兄弟たちにイクターを分配したが、トゥーラーンシャーにはふさわしいイクターがなかった。そこでサラディンはトゥーラーンシャーにイエメンの征服を命じ、そこを彼のイクターとして授与しようと考えた。

史料に記されたこれらの理由を列挙したうえで、スミスは、つぎの二つがイエメン遠征の主な理由であったと述べている。

一つは、③のヌール・アッディーンのエジプト侵攻に備えて、あらかじめ避難場所を確保しようとしたことである。

もう一つは、④の経済的理由とも密接に関連するが、港町アデンを中心とするイエメン地方の支配によって、紅海貿易の利益を確保しようとしたことである。

①のハワーリジュ派討伐説については、その真偽のほどを確かめることは難しい。しかしエジプト国内の不穏な状況を察知していたサラディンに、遠くイエメンまで出かけて異端者を討つだけの気持ちのゆとりはなかったと思われる。

また②に記された詩人ウマーラの行動は不可解であるが、トゥーラーンシャーがこの詩人の言葉に動かされてサラディンにイエメン遠征を願い出たことは確からしい。いずれにせよ、この遠征にはさまざまな要因が密接に絡んでいたとみるのが妥当であろう。

上エジプトに続くイエメンの軍事的支配は、国内秩序の安定をもたらすと同時に、十分なイクターをもたないトゥーラーンシャーの不満を解消し、さらには脚光を浴びはじめた紅海貿易の利益を独占することにもつながっていたからである。

5　シリアへの進出

ヌール・アッディーンの死

サラディンの形式上の主君であったシリアのヌール・アッディーンは、一一七四年五月、ダマスクスの城塞で急に息をひきとった。享年五十六歳、扁桃腺の化膿が原因であったといわれる。サラディンからエジプトを奪うべく遠征軍を編制している最中の死であった。

これより十日あまり前のある日、部下のアミールと騎馬での散策を楽しんでいたヌール・アッディーンは、このアミールが「来年もまたこうしてお会いできるかどうかは、神のみが知るところですね」といったのにたいして、彼は「そうではない。一ヵ月後に会えるかどうかさえわからないのだ」と答えたという。

ヌール・アッディーンに親近感を抱いていた歴史家のイブン・アルアスィールは、その突然の死について「エジプト遠征の準備中に、あらがい難い神の命令が届いた」と簡潔に記し、人生の不条理を語っている。

ヌール・アッディーンとその一族の不運は、サラディンには逆にまたとない幸運をもたらした。シリア内陸部を領有するヌール・アッディーンの軍事力もさることながら、恩義を受けた主君に刃向かうことはけっしてサラディンの本意ではなかったからである。

補佐役のアルファーディルからも、かねてから、ムスリムがムスリムにたいして武力を用いることは不当であると忠告されていた。アイユーブ朝国家存立の危機を脱したばかりでなく、このような罪を犯さなくてもすんだという二重の意味でサラディンには幸運な主君の死であったといえよう。

幼君サーリフ

ヌール・アッディーン没後のダマスクスでは、十一歳の幼い息子イスマーイールが擁立され、「サーリフ（敬虔なる）王」（在位一一七四―八一）と称された。サーリフの後見人に選ばれたのは、イブン・アルムカッダムとよばれるアミールであり、ザンギー朝の国政は、事実上、このアミールによって担われることになったのである。

いっぽう、サラディンもただちにサーリフの権威を承認し、エジプトのモスクで行われる説教と新しく発行する貨幣には、ヌール・アッディーン時代と同様に、アッバース朝カリフの名前に加えてサーリフの名を入れることとした。ヌール・アッディーン没後の機をとらえてエジプトの完全独立を宣言することは、あまりにシリア側を刺激すると判断したのであろう。

しかし、同じザンギー朝の一族であるモスルの君主サイフ・アッディーン・ガーズィー（在位一一六九―八〇）は、ヌール・アッディーンが没するとすぐに積極的な行動を起こした。

アレッポの北東にある要衝ハッラーンを服属させ、さらにその南に位置するラッカを併合することに成功した。側近のなかには余勢をかってダマスクスまで進軍すべきだと主張する者もあったが、サイフ・アッディーンは慎重策をとってひとまずモスルへと引き揚げたのである。

また、十字軍側もヌール・アッディーンの死を好機とみて軍を発し、ダマスクス西南方のバーニヤースを囲んだ。イブン・アルムカッダムはただちに救援の軍を送り、十字軍との間に交渉を重ねて、ようやく和議を結ぶことに成功した。エジプトのサラディンはこの消極策に不満であったが、イブン・アルムカッダムはモスルのサイフ・アッディーンの進出に備えることを最優先したと伝えられる。

ダマスクスに無血入城

このように、ヌール・アッディーンの死を契機にして、シリアの政治情勢はいっきに流動化しはじめた。諸勢力がダマスクスをめざしていることを知ったイブン・アルムカッダムは、安全のために幼少のサーリフをダマスクスから北のアレッポへと移すことにした。しかしサーリフを庇護下においたアレッポの有力アミールたちは、今度はモスルのサイフ・アッディーン・ガーズィーと協定を結び、ダマスクスに対抗する姿勢を明らかにした。これに脅威を感じたイブン・アルムカッダムはサラディンに使節を送り、シリアに来て彼らの王となることを要請したのである。

この要請は、サラディンにとってシリア進出のまたとないチャンスであった。バーニヤースの包囲後、宿敵のアモーリーが病を得て没し、十三歳にして病に冒されていた息子ボードワン四世（在位一一七四―八五）が後を継いだこともサラディンの行動を助けた。

わずか七百騎をひきいてカイロを発《た》ったサラディンは、一一七四年の十月末、無血のうちにダマスクス入城を果たした。イブン・アルムカッダムをはじめとするシリア軍とダマスクス市民の熱烈な歓迎を受け、かつて父が住んでいた屋敷に腰を落ち着けた。第三回のエジプト遠征から数えて六年ぶりのダマスクス入りであった。

このときサラディンは町の行政を司る裁判官に向かって、つぎのように述べたという。

私はサーリフ王の僕（マムルーク）であり、私がシリアに来たのは、この王に援助の手を差し伸べ、彼にお仕えするためである。私は王が失った領土をきっと彼の下に取り戻すであろう[15]。

町中の城塞を押さえ、ダマスクスを掌握したサラディンは、その統治を兄弟のトゥグテキーンにゆだね、みずからはヒムスとハマーの征服に向かった。各地のアミールのなかには、

ダマスクス旧市街。二つめのドームがザーヒリーヤ図書館。ここにはマムルーク朝のスルタン・バイバルスの墓がある

「サーリフの援助者」をもって任ずるサラディンを公に認めない者があり、改めて説得による町の明け渡しか、あるいは武力による征服が必要であった。

　サラディンは説得に応じて服属した者には新しいイクターをあたえ、また説得や武力によって支配下においた町や周辺の農村については、これらを一族や配下の軍人にイクターとして授与する政策をとった。つまりイクターの授与によって君臣関係を確かめ、この授受の行為を通じてみずからの体制を固めていったのである。

　ところで、ダマスクス入城に協力したイブン・アルムカッダムには、かつて住んだことのあるバールベックとその周辺の農村をイクターとしてあたえたが、サラディンもこれがまもなく大きな悩みの種になるとは予想もしなかったことであろう。

アレッポの思惑は……

サーリフの新しい居城に定められたアレッポ（アラブ名はハラブ）は、シリア北部にある古い商業都市である。その歴史は紀元前二十世紀までさかのぼるが、東西交通の要衝にあったために強国による争奪の場となり、ヒッタイト、アッシリア、ローマ、ビザンツなどの支配を経て、七世紀はじめにイスラーム世界の一部に組み込まれた。

快適な気候に加えて、多くの人口と豊かな物資に恵まれ、とくに十世紀なかばにハムダーン朝（九〇五―一〇〇四）がここに首都を定めてからは、多くの文人たちが寄りつどい高度な宮廷文化が華ひらいた。

ザンギー朝（一一二七―一二二二）の時代にはさらに経済的な発展をとげ、市域も拡大したが、一二六〇年、東方から侵入してきたモンゴル軍によって破壊され、さらにペストの流行（一三四七年）やティムールの侵略（一四〇〇年）が相次いだためにしだいに衰えた。一一八五年、サラディンの存命中にアレッポを訪れたイブン・ジュバイルは、この町のようすを、およそつぎのように記している。

アレッポは、極めて重要な町で、全時代にわたり、その令名は高まってきた。諸王たちの多くは、それを手に入れようと望んだ。その地は、如何に多くの戦いを引き起こしたことか。町について言えば、その光景は壮大であり、建物は見事に配置されており、驚くべき美しさを持っている。広く大きな市場が、長く軒を並べているので、読者は、ある職種の店々が並んでいる所から別のそれへと町の全ての職種のあるところに行くことができる。

アレッポの城塞。内部から城門と市街を望む

これらの市場は全て木材で屋根が葺《ふ》かれており、そのために市場の住民たちは、豊富な陰を享受することができる[16]。

今でもアレッポを訪れてみれば、すり鉢を伏せた形の巨大な城塞に接して、迷路のような市場（スーク）が四方に広がっているのを目にすることができる。商店が軒をならべる路地は木や石の屋根で覆われ、商品を強い日差しから守る工夫が施されている。

この市場街はアレッポのなかで、もっとも生活のエネルギーに満ちている。衣料品から靴、食器、ガラス製品、魚、肉、野菜、香辛料まであらゆる日常品を商う市場の活況は、ゆきずりの旅人の目や耳をも、十分に楽しませてくれることであろう。

一一七四年七月末にアレッポに入ったサーリフは、トルコ人将軍グムシュテギーンの保護下におかれた。グムシュテギーンはサラディンにたいする不満分子を糾合《きゅうごう》し、アレッポに独自の政権を樹立しようと目論んでいた。

しかしカイロからダマスクスへと進出し、エジプトとシリアの統合を現実のプランとして考えはじめたサラディンの目には、これはイスラーム世界の統一を妨げ、十字軍を利するだけの無益な行動にほかならなかった。

粘り強い説得を続けても、はかばかしい成果は得られなかった。サラディンはアレッポにたいする軍事行動を決意し、同年十一月、ダマスクスを出て北方へと軍を進めた。

アレッポと和約を結ぶ

これにたいしてグムシュテギーンは、マスヤーフのイスマーイール派（いわゆる「暗殺者教団」）と結んでサラディンの暗殺を要請した。

この計画は失敗に終わったものの、グムシュテギーンはさらにトリポリ伯のレーモンとも結託して、ヒムスを包囲中のサラディンを攻撃することを促した。レーモンにひきいられた十字軍の攻撃を受け、またアレッポとモスルの同盟軍とも対峙《たいじ》することになったサラディンは、武力によるアレッポの奪取を断念せざるを得なかった。こうしてシリア統一の計画は、しりすぼみの形でやがて消滅してしまうかに思われた。

しかし、一一七五年春になってエジプトからの援軍が到着すると、形勢はたちまち逆転する。シリア北部に軍を展開したサラディンは、アレッポとモスルの連合軍を簡単に退け、両者にたいする優位を確立した。

しかもタイミングよく、このときバグダードのカリフからエジプト・シリアの支配権を承認する文書が届けられた。

これに意を強くしたサラディンは、モスクでの説教と貨幣の刻文からサーリフの名前を削除し、代わりにみずからの名前を加えることによってその主権を公に表明したのである。

ダマスクスに戻ったサラディンは、一一七六年七月、サーリフとの間に正式な和約（スルフ）を取り結んだ。その結果、サーリフはなおしばらくの間アレッポを領有することになるが、この和約の締結によって、十字軍を除けば、サラディンによるシリア統一のための最大の障害は取り除かれたことになる。

暗殺者教団の脅威

しかしスンナ派君主の命をねらう過激イスマーイール派の活動は、サラディンにとって大きな脅威であった。

エジプトのファーティマ朝もイスマーイール派に属していたが、イラン生まれのハサン・サッバーハ（一一二四年没）は、カイロでの修行を終えると、イラン北部にある険峻なアラムート城に拠点を定め、一〇九四年、カリフの後継問題で意見が対立したのを機に、ファーティマ朝から分かれてニザール派を結成した。

スンナ派とは徹底的に対立する政策を採用し、暗殺者（フィダーイー）を用いてスンナ派の要人を殺害した。最初の犠牲者はセルジューク朝の宰相ニザーム・アルムルク（一〇九二年没）であったが、このような暗殺の横行はイスラーム世界に恐怖心を巻き起こしたのである。

そしていつの間にか、彼らは大麻（ハシーシュ）を常用しているとのうわさが十字軍の間に広まり、これをもとに「山の長老」ハサン・サッバーハと彼に忠誠を誓う大麻の常用者（アル・ハシーシーン）、つまり暗殺者（英語でアサッシン）という現実とはかけ離れた伝説がヨーロッパに伝えられた。

イスマーイール派のなかでもさらに過激なニザール派は、イランからシリアへと活動の範囲を広げ、一一四〇～一年にはハマーに近いマスヤーフを奪って、ここに堅固な城塞を築いた。平坦な農耕地帯を見下ろす城塞は今でも昔の面影を濃厚に残しているが、一一七四年、ここからサラディンをねらう刺客が送り出される。

どうあがこうとも、勝利は我らにあり

彼らは、ヒムスを包囲中のサラディンのテントまでたどり着いたが、ここで護衛に発見され、激しく抵抗したものの、結局、全員が殺害された。しかし、二年後の一一七六年五月には、ふたたびマスヤーフから刺客が発せられ、この時にはスルタンはもう少しでその命を落とすところであった。

サラディンはアンティオキア北方のアザーズの包囲に取りかかっていたが、テントに侵入

マスヤーフ城。シリア最大のイスマーイール派の拠点

した刺客はサラディンの頭をナイフで切りつけた。この一撃が頭巾の下の鎖かたびらによって防がれたことを知ると、刺客は喉をめがけて第二の攻撃をしかけてきた。しかしこれも鎖かたびらに妨げられ、刺客はまもなく異変に気づいて駆けつけた護衛兵によって斬り殺された。

二度の襲撃を受けたサラディンは、イスマーイール派の討伐を決意する。一一七六年七月、スィナーンを城主に頂くマスヤーフを囲み、投石機（マンジャニーク）による攻撃を繰りかえした。しかしスィナーンはあくまでも降伏を拒否し、サラディンの軍にも疲れが見えはじめたために、両者の間に和解のための交渉が開始された。

一説によれば、サラディンが妥協による解決の道を選んだのは、つぎのような脅迫に屈したからであるという。

ある夜、護衛を立たせて就寝中のサラディンの枕もとに、いつの間にか毒塗りの短剣で止められた紙片がおかれ、それには「どうあがこうとも、勝利は我らにあり」と書かれていた。[17] もちろん真実を伝える話ではないが、少なくとも協定の成立後は、イスマーイール派の刺客がサラディンを狙うことはなくなり、サラディンもイスマーイール派の拠点にたいするいっさいの攻撃を中止したのである。

困った兄

アレッポのサーリフと和約を結び、イスマーイール派との妥協も成立して、サラディンのシリア統治は一応の安定を得たかのように思われた。しかし、このときシリアでのイクター保有をめぐってやっかいな問題が持ち上がった。事の発端は、兄のトゥーラーンシャーが、ふたたび新しいイクターを要求したことにあった。

サラディンは、エジプトで宰相の地位を獲得すると、直ちにトゥーラーンシャーにたいして上エジプトのクースとアスワーン、それに紅海に面する港町アイザーブをイクターとして授与した。また、翌一一七〇～一年にはトゥーラーンシャーの要求に応えて、それまでファーティマ朝の宰相の子カーミルが所有していた土地の四分の一を代わりにあたえた。

ところが、イエメンから戻ったトゥーラーンシャーは、一一七六年、ダマスクス総督に任じられると、今度はみずからが幼年時代をすごしたシリアのバールベックとその周辺農村をイクターとして要求してきたのである。

しかし前述のように、バールベックはサラディンのダマスクス入城に協力した武将、イブン・アルムカッダムのイクターであり、彼はこの町に住んで領地の経営にあたっていた。ト

バールベック市内

ウーラーンシャーの新しい要求は、イブン・アルムカッダムの耳にも達した。この時の対応の仕方を『シリアの稲妻』は、つぎのように記している。

> われわれ（スルタンの一行）がシリアに到着しても、イブン・アルムカッダムは慣例に反して奉仕と挨拶に現われなかった。というのも、彼はトゥーラーンシャーがバールベックを強く要求しており、もし彼がスルタンの下に伺候《しこう》すれば、この土地を返還しなければならない危険があることをよく知っていたからである。[18]

イブン・アルムカッダムは、シリアでのサラディンの体制を支える有力アミールの一人であった。そのためサラディンは、兄の要求を容れることによって、このアミールが彼から離反してしまうことを恐れていた。

しかし近親者の要求も無視しがたく、結局、トゥーラーンシャーにバールベックをあたえることを認めざるを得なかった。そしてイブン・アルムカッダムには、町からの立ち退きを命じ、彼には他に満足のいく代替地をあたえることにした。

サラディンの性格

ところがイブン・アルムカッダムはこの提案の受け入れを拒否し、バールベックは「契約」によってスルタンから授与されたものだと主張したのである。

サラディンはこれを反乱とみなしてバールベックを包囲したが、これは必ずしもサラディンの本意ではなかったに違いない。しかしサラディンの決意が固いことを知ったイブン・アルムカッダムは、不承不承ではあるが代替地の受取りに同意し、バールベックを明け渡すことにしたという。

この紛争の処理の仕方には、二つの点でサラディンの性格がよく現われている。

第一は近親者の要求を優先したことであり、サラディンが兄弟や自分の子どもに厚く報いることはこれからも、たびたび繰りかえされることになる。

第二はバールベックを包囲した時にも、性急には武力を行使せず、イブン・アルムカッダムが同意するまで忍耐強く待ったことである。この忍耐強さもサラディンの特徴の一つに数えられるであろう。

サラディンは、兄の要求に押されてやむなくバールベックからの立ち退きを迫ったが、その気持ちが通じたのであろうか、イブン・アルムカッダムはその後もサラディンにたいする忠誠心を失うことはなかった。

一一八九年、メッカに巡礼したイブン・アルムカッダムは、アラファートの丘にサラディンの「黄色の旗」(アイユーブ朝の軍旗は黄色)を立てようとしてイラクからの巡礼団と衝突し、このとき目に槍を受けて死亡したと伝えられる。

6　新体制の確立

旧主の寡婦と結婚

一一七六年九月、シリア内陸部の秩序を回復したサラディンはダマスクスへ戻り、かつての主人であるヌール・アッディーンの寡婦、イスマト・アッディーンと婚礼の儀を整えた。この時サラディンは約三十八歳、イスマトは少なくともすでに三十九歳の中年に達していた。

これはむろん政治的な意味をもつ結婚であり、サラディンはこのような婚姻関係を結ぶことによって、旧主のヌール・アッディーン、ひいてはザンギー朝の正当な後継者であることを内外に示そうとしたのであろう。事実、二人の結婚は多分に形式だけのものであり、彼女と二夜をともにしたサラディンはあわただしくエジプトへと出発していったのである。

十七人の息子と一人の娘

不思議なことに、サラディンの結婚については、これ以外の記録はまったく残されていない。しかしサラディンは、生涯で十七人の息子と一人の娘に恵まれたことがわかっている。十七人の息子のうち二人は奴隷女に生ませた子どもであった。

長子アフダルの誕生は一一七〇年のことであるから、サラディン、三十二歳ころの時の子どもである。これ以後、先のイスマトとの結婚までに、少なくとも四人の妻から六人の息子が生まれているので、イスマトとの結婚が初婚でなかったことは明らかであろう。

なお、サラディンの最後の息子マンスールは、一一九三年、サラディンが五十五歳で没した後にシリアで生まれた。また一人娘のムーニサ・ハートゥーンは、後にアイユーブ朝のスルタンとなる従兄弟のカーミル（在位一二一八―三八）と結婚したが、アラブ人やクルド人の間では、従兄弟同士の結婚は昔からいちばん望ましい縁組みの形だとみなされてきた。数人の子供は夭折《ようせつ》したものの、多くの男子を得たサラディンの結婚生活は、概して平穏無事であったろうと思われる。(19)

エジプトへの帰還

ヌール・アッディーンの寡婦との結婚に象徴されるように、一一七六年秋にはサラディンによるシリア内陸部のゆるやかな統合が実現した。もちろん、アレッポのサーリフや、マスヤーフのイスマーイール派とは和約によって鉾《ほこ》をおさめただけであり、確固とした支配の確立からはほど遠い状況であった。

しかし補佐役のイマード・アッディーンは、この時のサラディンのようすを「スルタンはみずからの考えと方法でシリアの統治体制を整えると、エジプトへの帰還を決意した」と述べている。サラディン自身は、ある程度の自信を得たうえでの行動だったのであろう。

ダマスクスからの出立は九月十日、金曜日を選んでの旅立ちであった。将軍（アミール）や王侯が行列を先導し、サラディンの後には多くの家来が続いたというから、華やかな凱旋《がいせん》の行進であったに違いない。

ダマスクスからエジプトの首都カイロまでは約七百七十キロメートル、駅馬（バリード）を乗り換えて急げば三日から四日の行程であった。ダマスクスを出て西南方に下り、ティベリアス湖の東側を迂回してヨルダン川を渡ってから、ジーニーン（ジェニン）、ラムラ、ガッザを経てエジプトに入り、ビルバイス経由でカイロに到達するのが通常のルートであった。

しかし十字軍がエルサレム王国を建設してからは、ティベリアス湖の東をさらに南下し、死海を迂回してガッザに出る道をとらなければならなかった。国内経済の観点から見れば、カイロとダマスクスを結ぶ街道はもっとも重要な商業路であったから、サラディンには十字軍の攻撃からこの街道の安全を守ることが義務づけられていたといえよう。

けれども死海東側の要衝カラクはまだ十字軍の管理下にあり、サラディンは隊商やメッカ巡礼団の安全を確保するために城主ルノー・ド・シャティヨンとの間に協定を結ばざるを得なかったのである。

さて、ダマスクスを出たサラディンの行列は、今回は西南に進んでアッカーの近くから海岸通りを南に下るルートによってエジプトに入った。カイロに到着したのは九月二十二日、ほぼ二週間をかけてのゆっくりとした行進であった。カイロの町は二年ぶりのスルタンの帰還を歓迎して美しく飾られ、留守を預かる兄弟のアーディルがシナイ半島の入り口まで出かけて一行を迎えた。

市壁と「山の城塞」を建設する

一一七六年九月、市中にある「宰相の館」に入ったサラディンは、これからしばらくの間はエジプトの内政問題に専念する。最初に取り組んだのは、十字軍の攻撃から首都を防衛するための市壁の建設であった。

イブン・ワースィル（一二九八年没）は、その年代記『悲しみの除去』のなかでこう述べている。

カイロの屋敷に落ち着いたスルタンは、フスタートとカイロとムカッタムの山にある城塞を取り囲む市壁の建設を命じた。その全長は二万九千三百二ズィラー（十九・五キロメートル）に達し、カイロのナイル河畔から山の城塞に至る長大なものであった。この建設を指揮したのはアミールのバハー・アッディーン・カラークーシュである。[20]

つまり建設を計画された市壁は、ナイル川を底辺、ムカッタムの丘を頂点とする三角形の二斜辺にあたっていた。ムカッタムの丘とはカイロ旧市街の東側を南北にはしる海抜八十メートルほどの平たい山塊のことであり、その先端にこのとき同時に城塞（カルア）の建設が開始された。

この工事を指揮したカラークーシュは、生前のシールクーフ（サラディンの叔父）に仕えていたトルコ人の宦官であり、サラディンが宰相に就任してからは、黒人宦官のムータミンにかわって宮殿の管理者に任じられていた。

フスタートには、現在でも、このとき建設された南側城壁の一部がそのまま残されている。高さは不明であるが、基底部は幅約二メートル、外側を方形の石で積み、内側には細い水路がうがたれていた。いざという時には戦士のために飲料用の水を流す予定だったのであろうか。

しかし、このように精巧な造りの市壁も、サラディンの生前にはついに完成せず、その死後には工事は中断されてしまった。

費用と手間がかかりすぎたのか、あるいは十字軍の脅威そのものがしだいに減少していっ

（左）　フスタートに残る市壁跡。ここから「山の城塞」へと続いていた
（右）　サラディンによって建設が始められた「山の城塞」の一部

たからであろう。

いっぽう、城塞は市街地からおよそ五十メートルほど高い丘の上にそびえ立っている。カイロ市民からは「山の城塞」（カルアト・アルジャバル）の名で親しまれてきた。サラディンがカラークーシュに城塞の建設を命じたのは、カイロ市中の市街地化が進行した結果、商店や民家がたてこみ、「宰相の館」の安全を守ることが難しくなったことによる。

マッケンジーの研究によれば、山上の東側は護衛を担当する軍隊の宿舎にあてられ、スルタンの宮殿や行政機関（ディーワーン）はその西側に建てられた。また飲料水を確保するために、十字軍の捕虜を用いて山頂から井戸を掘り下げる工事も行われた[21]。

この城塞の建設も、サラディンの生前には結局完成せず、ここにスルタンの住居と政務機関が移されたのは、四代後のカーミル（在位一二一八―三八）の治世を迎えてからのことであった。

宮殿図書の売却

ファーティマ朝のカリフ・ハーキム（在位九九六―一〇二一）によって建設された「知恵の館」（ダール・アルヒクマ）は、イスマーイール派の教義書ばかりでなく、スンナ派の歴史書やギリシア科学の翻訳書など十万冊以上の蔵書数を誇るイスラーム世界有数の図書館であった。はじめは西小宮殿の北西側におかれたが、十二世紀になってから東大宮殿の南側へ移転された。

シリアから戻ったサラディンは、この図書館が所蔵する図書の売却に踏みきったのである。このとき、みずからもこれらの図書を購入したサラディンの補佐役、イマード・アッディーンが述べるところをみてみよう。

五七二（一一七六）年、書物の売却が週二回の割合で行われた。それらは、あるものは無料で、またあるものは格安の値段で売られた。宮殿の書庫はいくつかの部屋からなり、各室は棚に分かれ、整然と分類されていた。書物の持ち出しの責任者は、宮廷の管理人であるバハー・アッディーン・カラークーシュであり、彼は書物には知識のないトルコ人である。

各場所から持ち出された本は十万冊以上に及び、元の場所は分からなくなり、文学書が天文学書と、医学書が工学書と、史書が『コーラン』の注釈書と混じりあう結果となった。私も宮殿へ行き、他の人と同じように各種の貴重書を購入したが、そのなかにはスルタンが無料でくださったものも含まれている。(22)

ここに記されているように、売却の責任者は、市壁と城塞の建設を担当したカラークーシュである。彼は軍人あがりの政治家であるが、サラディンの信頼を獲得し、エジプト行政に辣腕《らつわん》をふるった人物として知られる。

しかし、それだけに反発も強かったのであろう、軍務庁に勤めていた土着コプト教徒（単性論派のキリスト教徒）の官吏イブン・マンマーティー（一二〇九年没）は、成り上がりの政治家を痛烈に風刺する『カラークーシュの優柔不断政治』と題する書物を著している。(23)

イスマーイール派一掃のために

では、なぜサラディンはこのような時期に宮殿図書の売却を行ったのであろうか。まず考えられるのは、イスマーイール派関係の書物の一掃であるが、この種の書物を選んで売った形跡は見あたらない。そもそもカラークーシュが書物に知識のない人物であったとすれば、イスマーイール派の書物を選択する責任者としては不適格であったろうと思われる。

また、当代一流の知識人であったイマード・アッディーンが、この売却に異を唱えていないことも不思議である。しかも同じサラディンの補佐役であったアルファーディルは、後にファーディリーヤ学院をカイロに建設して、宮殿図書館の書物のうち約十万冊をこの学院に収蔵したという。

これらの点を考えあわせてみると、サラディンの真の意図は、イスマーイール派教義の研究・教育センターとして機能してきた図書館そのものの閉鎖、ないしは取り壊しにあったとみるのが妥当であろう。スンナ派の新体制をより確固としたものにするためには、首都カイロの中心部に旧ファーティマ朝の「イデオロギーの象徴」を残しておくことはできなかったのである。

検地を実施

サラディンが側近のカラークーシュに命じた第三の仕事は、エジプトを対象とする検地(ラウク)であった。

国家財政の基礎は農民から徴収される地租(ハラージュ)にあったから、初期イスラーム時代以来、必要に応じて検地を実施し、税収高を確定する作業が行われてきた。サラディンもエジプトに政権を樹立したのを機に、この検地を実施したのである。

しかし残念なことに、実際にこの検地がいつから開始されたのかは、よくわからない。

『エジプト財政史』を著わしたラビーウは、「サラディンの検地は五七二（西暦一一七六）年に命令が出された。彼はこの検地によってイクターの授与とエジプトの財務行政に新時代を開こうと考えていた。彼はカラークーシュを抜擢して検地の業務を監督させた」と述べている。(24)

ところが史料には、「カラークーシュは五七二年の検地を監督した」とは記されていない。しかも一一七六年に行われたのは、土地測量（ミサーハ）とフェッダーン（〇・六ヘクタール）あたり三アルデブ（一アルデブは九十リットル＝七十キログラム）から二・五アルデブへの税率の引き下げだけであった。

検地は、土地測量以外に、イクターの再分配や雑税の廃止などを含むもっと総合的な施策である。たしかに一一七六年は、シリアから帰還したサラディンが、カイロを囲む市壁や城塞の建設を開始した年であり、検地を実施する条件は十分に整っていたように思われる。しかし検地の内容が土地測量と税率の引き下げだけであったとは考えられないのである。

十年かけた大事業

関連する記録をもう少し広く調べてみると、サラディンは五六七／一一七一〜二年に各種の雑税を廃止し、さらに地租の徴収に用いられる太陽暦を五六五年から五六七年に移している。ムスリムの日常生活に用いられるヒジュラ暦（太陰暦）は太陽暦より一年につき十一日ほど短かったから、両者のずれを調節するために三十二、三年に一度は太陽暦を一年進める必要があった。この調節も検地を機に行われるのが習慣であった。

また、アルファーディルの日記によれば、五七七／一一八一年にはイクターにかんする調査が実施され、エジプトの正規軍の総数は八千六百四十騎、彼らが保持するイクターの総税収高は三百六十七万五百ディーナールであることが確認された。ディーナールは金貨の単位であり、当時は小麦一アルデブの価格がおよそ一・二五ディーナールであったから、三百六十七万ディーナールでは小麦約二百九十四万アルデブ（二十万五千五百二十トン）を購入できたことになる。

このように、一一七六年以外にも、一一七一～七二年と一一八一年の二回にわたって、検地の内容にふさわしい事業や調査が行われていた。したがって検地はある一年だけに限って実施されたのではなかったものと思われる。

確かなことは不明であるが、暦の調節と雑税の廃止、土地測量と税率の引き下げ、イクター収入の調査、これらの全体が「サラディンの検地」であり、一一七一年から八一年までおよそ十年の歳月をかけて完了したのであろう。

いずれにせよ、エジプト全土を対象とするこの検地は、新体制の土台づくりのためには、どうしても欠かすことのできない一大事業であった[25]。

第三章　カイロからエルサレムへ

1　エジプト経済の繁栄

ナイルの農民たち

戦争に金のかかることは今も昔も変わりがない。サラディンが十字軍との戦いを続行できたのは、エジプト・シリアの政治的な統一に加えて、エジプトの富を十分に活用することができたからである。カイロからエルサレムへの進撃について述べる前に、まず戦争を支えた経済と社会について考えてみることにしよう。

エジプト経済の基礎は農業にあった。ナイル川の両岸には豊かな農耕地が広がり、ここで生産される農産物が都市の人口を養ったのである。農民（ファッラーフ）たちは、九月から十月はじめにかけてナイルが最高水位に達すると、灌漑用の堤を切り、養分を含んだ水を耕地に導き入れた。

一時的にできた広大な溜め池（ハウド）に泥土が沈殿したところで水をナイル川に戻し、

小麦・大麦・そら豆・亜麻・うまごやしなど冬作物の種まきが行われた。主要な穀物である小麦や大麦は翌年の四月から五月に刈り取られ、脱穀を終えると役人によって地租（ハラージュ）が徴収された。

イクター保有者の第一の取り分となるのがこの地租収入であった。そのため、毎年、収穫期になると軍人たちはみずからのイクターへ出かけてゆき、農民による収穫作業を監督することが慣例となっていたのである。

また、三―四月の春を迎えると、胡麻・棉・メロンなどの夏作物の種をまき、砂糖きびを植える作業が行われた。これらはナイルの減水期に生長する作物であったから、人力によるつるべ（シャードゥーフ）や牛力による揚水車（サーキヤ）を用いて灌漑する必要があった。当然、冬作物に比べれば栽培面積は少なく、それだけに貴重な商品作物であったといえよう。

とくに砂糖きび栽培は、アイユーブ朝時代になると、下エジプトから上エジプトへと急速に拡大してゆき、砂糖商人ばかりでなく、スルタンやアミールたちも製糖工場の積極的な経営に乗り出した。

これにともなって、エジプトの砂糖は、他のイスラーム諸国やヨーロッパ向けの重要な輸出商品に数えられるようになった。預言者の生誕祭や、断食明けの祭がめぐってくると、町の店頭にさまざまに色づけした馬やライオンやネコをかたどった甘菓子を飾る習慣ができた

（右）　ファイユーム地方の農村風景
（左）　断食明けの祭や預言者の生誕祭には、店頭に甘菓子が積み上げられる

のも、このころからのことである[1]。

つらい義務

サラディンがエジプトにイクター制を導入してからは、灌漑用の土手を築き、運河を開削・整備することは、イクター保有者とその支配下にある農民の義務となった。これらの水利事業は農閑期の冬を選んで行われたために、冷たい水につかって運河の泥をさらう作業は農民にはつらい仕事であったろうと思われる。

また、政府が大規模な運河を開削・補修するときには、アミールたちはイクター収入に応じて一定の長さを割りあてられ、彼らは農民たちから力役（スフラ）を徴発することによってこの義務を果たす必要があった。収穫高の約三分の一にあたる地租とさまざまな雑税に加えて、このような厳しい力役の徴発は農民には大きな負担であったに違いない。しかも十字軍との戦闘がはじまれば、投石機や物資の輸送に否応なく駆りだされることも珍しくなかったのである。

このためエジプトの農民たちは遊牧民と結託してしばしば納税拒否の反乱に立ち上がった。上下エジプトの農村地帯には、伝統的な遊牧生活をおくるアラブ部族がおり、農民からみれば彼らは機動力と武力をあわせもつ「強い味方」であった。たとえば、一一八〇年、サラディンの治世中に、下エジプトのブハイラ地方でスライム族が反乱を起こし、その数は一時六万人に達したといわれるが、これはおそらく反乱に参加した農民を加えた数字であろう。反乱はまもなく二千の騎馬隊によって鎮圧され、軍隊を指揮したアミールは多くの財産とラクダを奪ってカイロに帰還した。

ただ、アイユーブ朝治下のエジプトでは、つぎのマムルーク朝時代とくらべて、この種の遊牧民・農民の反乱は、比較的まれであった。一二五〇年、「奴隷出身のよそ者」であるマムルークが新政権を樹立すると、アラブ遊牧民は、「自分たちこそ国の主」であるとして、これに強い反発を示したのである。

コプト教徒——財務行政の担い手

七世紀前半にアラブ軍がエジプトへ侵攻した時には、都市民や農民の多くはコプト教徒（四五一年、カルケドンの公会議で異端とされた単性論派のキリスト教徒）によって占められていた。

コプトとは、エジプトを意味するギリシア語アイギュプトスに由来するアラビア語であQUERY る。つまりコプトはエジプト古来の土着民とほぼ同義語に用いられたが、アラブの支配が確立すると、しだいにイスラームへの改宗が行われ、十二世紀ごろまでには、コプト教徒の数は全人口の一割程度にまで減少した。現在でも、エジプト人口に占めるその割合はほとんど変わっていない。

ファーティマ朝時代には、カリフ・ハーキム（在位九九六―一〇二一）によって異教徒にたいする露骨な差別政策が行われた。コプト教徒とユダヤ教徒は黒いターバンを巻くべきこと、またコプト教徒は首に十字架を下げるべきことを強制され、さらに馬に乗ることも禁止された。ハーキムは宮殿図書館を建設したかと思うと、商店にたいして日没後の営業を禁止したり、突然すべての犬の殺害を命ずるなど独裁的で、しかも奇妙な性格のカリフであった。

コプト教徒やユダヤ教徒への禁令は繰りかえし発布されたが、いずれの政策も長続きすることはなく、農業生産と徴税の実態を知るコプト教徒の官吏は、その後もエジプトの地方行政に重要な役割を演じつづけた。彼らのなかには、中央政府の財政を管理する首席財務官に抜擢され、イクターの授与や検地の実施についてスルタンに助言を行う財務行政の第一人者となる者も現われた。

マンマーティー家の伝統

カラークーシュを風刺する書を著した前述のイブン・マンマーティーは、このようなコプト教徒官吏の典型であったといえよう。ファーティマ朝からアイユーブ朝にかけて活躍したマンマーティー家は、上エジプトのアスユート出身であった。

この家に生まれた先代のアブー・マリーフは、カリフ・ムスタンスィル（在位一〇三六―九四）時代に中央官庁の書記（カーティブ）に抜擢され、この職務とコプト教の信仰を最後までまっとうしたことでその名を高めた。

その子ムハッザブ（一一八二年ごろ没）も伝統を生かして軍務庁の書記職を手中にしたが、エジプトでは、十字軍の侵攻を機に同じキリスト教徒であるコプト教徒への社会的圧力が強まり、サラディンの叔父シールクーフが宰相に就任した後に、イスラームへの改宗を余儀なくされた。

ムハッザブの息子アスアド（通称イブン・マンマーティー、一二〇九年没）は、家学として受け継がれてきた「書記の知識」を生かしてサラディンに仕え、軍務庁の長官をはじめとして諸官庁の要職を歴任した。『官庁の諸規則』は豊富な経験を生かしてまとめた官僚の知の集成であるが、そこにはエジプトの行政区分、農業生産と水利の実態、土地制度と税制などについての貴重な情報がちりばめられている。

サラディンの没後は、ライバルの官僚によって横領の罪を着せられたためにアレッポへと逃れ、領主ザーヒルの庇護の下で数年を過ごしたが、彼の死とともにマンマーティー家の伝統も途絶えた(2)。

カーリミー商人──紅海を股にかける

イスラーム社会の商人については、大資本を動かして遠距離貿易に従事する商人（タージル）と町の市場（アラブ世界のスーク、イラン・トルコ世界のバーザール）で小さな店を営む商人（スーカ）とを区別して考えることが必要である。

当時の社会区分によれば、大商人は、アミールや高級官僚と同じく「特別な人」（ハーッサ）に属し、市場商人は、職人やウラマー（知識人・学者）と同じく「普通の人」（アーンマ）に属するとみなされた。

まず大商人について述べれば、サラディン時代に活躍を始めた大商人の代表が、カーリミーとよばれるムスリムの商人グループであった。

カーリミー商人は独自の商船を所有し、アデン↓紅海↓ナイル川↓カイロ↓アレクサンドリアの主要ルート上に商館を建設して香辛料・絹織物・陶磁器などの取り引きに従事した。一一七四年にサラディンの兄トゥーランシャーがアデンを征服したのも、これらのカーリミー商人を保護し、貿易の利益を独占することが主要なねらいであった。

しかしカラクに拠点をおく十字軍もこの貿易の利益に目をつけ、一一八三年、城主ルノーは紅海への軍事的な進出をはかった。だがこの進出を許せば、メッカ・メディナの両聖都は異教徒の管理下におかれ、貿易の独占体制も崩壊してしまう恐れがあった。サラディンはただちに艦隊を派遣して迎撃の態勢を整え、アイザーブ沖で首尾よく十字軍艦隊を打ち破ることができた。生き残った百七十名の十字軍捕虜はカイロへ送られ、市中引きまわしの後に処刑されたという。

これを機にユダヤ教徒やキリスト教徒の商人は紅海から締め出され、以後、紅海は文字どおり「カーリミー商人の海」となったのである。アイユーブ朝からマムルーク朝へかけてカーリミー商人の活動は飛躍的な発展をとげ、国家財政の増大にも大きく貢献するが、その飛躍の基礎はサラディンによる保護政策にあったといえるであろう(3)。

市場の商人――都市社会の中核

つぎに市場商人についてみると、彼らは市場の路地に小規模な店舗を構え、ほとんどの商人が単一の商品を扱う小売商であった。

香辛料・陶磁器・織物などの市場には、大商人によって東方の国々からもたらされた高価な商品がならべられ、これに隣接してエジプト特産のガラス製品、毛織物、亜麻織物、紙、砂糖、米、小麦などを売る店があった。

なかでも亜麻織物のぼろを原料とする紙は、十世紀以降、パピルスにかわって広く用いられ、安価な紙の普及はイスラーム文化の発展を促す原動力となった。モスクと市場は都市の中心部に隣接して設置され、信仰生活と経済活動が有機的に結びついているのがイスラーム都市の特徴であったといえよう。

市場の商人は都市社会の中核を形成したが、彼らのなかには、商売で富を蓄えると、『コーラン』や伝承（ハディース）を研究する学問の道に転ずる者があり、また学者（ウラマー）が商人を兼ねるケースもけっして珍しいことではなかった。ディマシュキー（十一あるいは十二世紀）の商業論によれば、商売による富の獲得は安定した信仰生活を送るための基礎であるとさえみなされたのである。

イスラーム都市に生きる職人には、各種の機織工、じゅうたん織り、仕立て屋、貴金属の細工人、皮なめし工、紙すき工、石鹸づくり、木工、陶工、ガラス職人、弓づくり、刀工、料理人、製糖工、パン屋などがあった。

これらのうち、とくに綿織物、毛織物、絹織物などの織物業は、イスラーム時代になってから飛躍的に発展した分野の一つである。またサラディン時代のエジプトでは、製糖技術の発達にともない、黒砂糖から白砂糖や氷砂糖まで多様な品質の砂糖がつくられるようになった。

このような発展をもたらした要因は、各地の都市を結ぶ交易や人の移動の拡大によって、織物や製糖の技術ばかりでなく、さまざまな地域の素材や意匠（デザイン）が自由に交換されるようになったことであろう。

しかも製糖、紙すき、灌漑などの技術が遠隔の町や農村にすばやく伝えられたことがイスラーム世界の特徴であった。旅をする商人、メッカ巡礼者、知識を求めて各地をめぐる青年たちは、新しい情報を各地に伝達する役割も担っていたのである。

勝利の都――カイロの発展

九六九年、北アフリカのチュニジアからエジプトに進出したファーティマ朝は、旧都フスタートの北側に首都を建設し、これをアル・カーヒラ（「勝利の都」）と名づけた。一般に用いられるカイロはこの名称のヨーロッパなまりである。

建設当初のカイロは、モスクと宮殿、それに軍隊の宿舎だけのためにつくられた、東西千百メートル、南北千百五十メートルの小さな都城であった。南北に走るムイッズ・リッディーン・ラー通りの北側にあるフトゥーフ門は凱旋門として用いられ、南側のズワイラ門は処刑の門として利用された。中央東側にはアズハル・モスクが建造され、ここで最初の集団礼拝が行われたのは九七二年六月のことであった。

ファーティマ朝の軍隊には、軍団を構成していたベルベル人、クルド人、ギリシア人、アルメニア人、トルコ人、黒人ごとに城壁内の区画が割りあてられた。つまり新都カイロはまず何よりも軍事・政治都市として誕生したが、日常生活の必要から、カイロの城壁内にもやがて常設の市場ができ、各種の商工業者が住みつくようになった。

一〇四七年にエジプトを訪れたイラン人のナースィル・ホスロー（一〇六一年没）は、当時のカイロの様子を、こう語っている。

カイロの町には二万以上の店舗があり、すべてスルタン（支配者であるカリフ）の所有である。そのうち多くは月額十ディーナールで貸し出されており、その貸し料が二ディーナールを下回るものはない。しかも隊商宿や浴場などの建物は数え切れないほどに多い。またカイロには十の街区（マハッレ）があるが、ここの人々はマハッレのことをハーラと呼んでいる[4]。

カイロ旧市街の南側にあるズワイラ門。処刑の門として用いられた

この記事によれば、建設から七十年余りを経てカイロの市街地化はすでにかなりの規模で進行していたことがうかがわれる。

ハーラ（ペルシア語でマハッレ）とは、街路を中心にして形成された居住区のことであり、市場、小モスク、パン焼きがま、水のみ場などを共有する都市生活の共同体であった。マムルーク朝時代の歴史家マクリーズィー（一四四二年没）は、十五世紀はじめのカイロには、城壁の内外に三十八のハーラがあったことを伝えているが、ナースィル・ホスローの記述は、このようなハーラの形成が、十世紀末以降、着実に進んでいたことを示している。このようにカイロには、フスタートの炎上（一一六八年）以前からすでに商工業の拠点が形成されつつあった。

イブン・ジュバイルは記す

では、サラディン時代にエジプトを訪れたイブン・ジュバイルの目にカイロはどのように映ったのだろうか。彼の『旅行記』には、一一八三年当時のカイロの様子が、つぎのように記されている。

カイロにあるいかなる会衆モスクや（一般の）モスク、廟墓、収容所、マドラサ（学院）にも、スルタン（サラディン）の美徳がそこに居住する必要のある者すべてに行き渡っている。それについては、国庫からの支出でまかなわれているのである。

ムスリムの事柄全般に対するスルタンの心遣いを明示する寛大な偉業の一つに、コーラン学校の創立命令がある。スルタンはそこに、力強く高貴な神の書（コーラン）を教える教師を任命して、特に貧しい者の子弟や孤児を教育させ、充分な手当を与えたのである。(5)

残念ながら『旅行記』には、市街地そのものの発展を具体的に示す記述は含まれていない。しかしここに引用した記録からも、サラディンによる公共施設の建設とその管理が十分にゆきとどいていたさまを読み取ることは可能であろう。またイブン・ジュバイルは、火災によって廃墟と化したフスタートの復旧がすすみ、建物が林立する状態であることも記している。ファーティマ朝末期の混乱状態を脱して、カイロでは建設作業がつづき、フスタートにも復興のきざしが見えはじめた。政治的な混乱の続くバグダードを尻目に国際商業の主役として登場したカイロは、安定した農業生産とカーリミー商人の活躍を基礎に順調な発展を開始したとみることができよう。

バグダードに代わって、カイロがイスラーム世界の中心的な役割を果たすようになったのは、サラディンの時代からマムルーク朝時代へかけてのことである。十六世紀はじめにオスマン朝の支配下に組み込まれてからは地方都市の一つに転落したが、ムハンマド・アリー（一七六九―一八四九）による近代化政策が実を結ぶと、カイロはふたたびアジア・アフリカ・ヨーロッパを結ぶ国際都市としてよみがえった。

現在、カイロの人口はすでに千五百万を越えたといわれるが、町中をゆくナイルは、今でもなお悠然とした趣《おもむき》を失っていない。河岸のベンチに腰をおろし、ゆったりと流れる豊かな水を眺めていれば、人は悠久の歴史を思い起こし、しばらくの間、人間の営みを考察する哲学者になることができるのである。

2　聖戦《ジハード》へ向けて

不覚の一敗

一一七六年秋にシリアから帰還したサラディンは、約一年間エジプトの内政に力を傾け、この間に二年余に及ぶ戦闘で疲れた騎士と馬を十分に休ませることができた。

しかし一一七七年にフランダースのフィリップがフランスからパレスティナに到着すると、これによって軍事力を増強した十字軍はシリア北部のイスラーム領に侵攻する構えを示した。また、これに呼応してビザンツ皇帝マヌエル（在位一一四三―八〇）は、エジプトを攻撃すべくパレスティナ海岸のアッカーへ向けて艦隊を出動させた。これは、共同してエジプトを討つことをうたったビザンツ帝国とエルサレム王国との協約にもとづく行動であった。

これにたいしてサラディンは大軍を集結し、一一七七年十月末にカイロを発してパレスティナ南部のアスカラーンをめざした。スール（ティール）の司教を務めたウイリアム（一一八六年没）は、その史書のなかでサラディン軍の数を二万六千騎と記しているが、これは明らかに誇張であろう。(6)しかしアラブ側の史書も、大軍の準備が一度に開始されたために、カイロの市場では食料その他の物資がたちまち高騰したことを伝えている。

　このように大軍を動かしての行動ではあったが、今回は公に聖戦（ジハード）を宣言したうえでの戦闘ではなく、十字軍を牽制《けんせい》するための小規模な略奪戦（ガズワ）が目的であった。サラディンは十字軍の領域内に入ったムスリム軍に略奪を認め、これに従って軍隊は個々に分散してアスカラーン北方のラムラやアルスーフ近辺まで出撃した。

アスカラーンの城塞跡

　サラディンにも油断があったと思われる。密かに軍を進めたエルサレム王国のボードワン四世は、十一月二十五日、ラムラの近くでサラディンの小隊に襲いかかった。ムスリム軍は混乱に陥り、危うく難を逃れたサラディンは、敗残の兵を集めてエジプトへと撤収したが、このとき十字軍側もまた決定的な勝利を収めることはできなかった。

　カイロに戻ったサラディンは、敗戦の報が広まるのを極力おさえることに努めた。ここでもし敗戦のうわさが事実以上に膨らんでいけば、ムスリム全体の士気が衰えてしまうことを恐れたのであろう。

　バグダードのカリフにも手紙を送り、「仮に百人のムスリムが殉教したとすれば、同時に何千もの異教徒が殺されたのです」と弁解した。サラディンは、このような情報操作を行ういっぽう、四散した兵を集めてエジプト軍の再建にとりかかった。わずか四ヵ月で再編作業は終了し、一一七八年春にはふたたび十分に装備された軍をひきいてシリアへと出発したのである。

ジハードの決意?

カイロに政権を樹立した当初のサラディンに、エルサレム奪回の明確なプランがなかったことは明らかである。その時から数えて九年、ファーティマ朝の残党を一掃したのに続いて、シリア内陸部のゆるやかな統一を実現し、さらに検地の施行によってエジプトの国内体制も十分に固めることができた。この段階でもまだサラディンは、十字軍にたいして本格的な聖戦(ジハード)に踏みきる決心をしていなかったのだろうか。

『シリアの稲妻』によれば、アスカラーンでの敗北後、シリアに再出陣したサラディンから側近のカーディー・アルファーディルのもとへ、つぎのような手紙が届けられた。

輝かしく、力強い戦士たちにとって喜ぶべきことに、来るべき春には、今年は機会を逸してしまったジハードを改めて行うことになろう。今度は軍事力や装備は倍加しているので、神は「聖なる家」(エルサレム)と海岸地帯全域の解放を実現されるはずである。神

は堅固な城塞や最上の砦《とりで》に鋭いきっ先をつきつけ、アクサー・モスクから十字架の輩を追い払ってくださるであろう。(7)

これによれば、サラディンはアスカラーンへの出撃の時から、すでにエルサレムへの進撃を決意していたようにみえる。パレスティナ南部での略奪戦がうまく運べば、これを聖戦に切り替える予定だったのであろうか。真相はなお不明であるが、いずれにせよ、アスカラーンでの不覚の一敗によって、聖戦の実行は翌年以降に持ち越されたのである。(8)

もっとも側近のアルファーディルは、サラディンにたいして、周囲の状況が十分に整うまでは十字軍との決戦は避けるべきであると進言していた。また外交の戦略上、カリフの存在を重く見るサラディンは、バグダードに使節を送り、カリフから聖戦（ジハード）の許可を求めていたが、いまだにこの許可状を手にしていないのが実情であった。サラディンの決意にもかかわらず、エルサレム攻略の機はまだ熟していなかったとみるべきであろう。

北方の脅威を絶つ

しかも一一七八年のシリアは、前年秋から冬へかけての雨不足の影響で小麦は育たず、深刻な食料難に直面していた。ダマスクス総督のトゥーラーンシャーは、私事にかまけて有効な対策を怠り、あげくの果ては千アルデブ（九万キログラム）の小麦を十字軍側に提供してやる始末であった。前述したトゥーラーンシャーによるバールベックの要求はこの直後のことであるが、それでもサラディンはこの要求を受け入れて兄の心をつなぎ止めようとしたのである。

なおトゥーラーンシャーは、翌年、アレクサンドリアに所替えとなってシリアから遠ざけられ、一年後に二十万ディーナールの借金を残して病没した。酔っては弟を悪しざまにいうトゥーラーンシャーではあったが、兄の死を深く悲しんだサラディンは、後にこの借金も肩代りしてやったと伝えられる。

サーリフ配下のアレッポについてみると、この豊かな商業の町は政治的な混乱によって衰え、サラディンの行動に協力して軍事力を提供するだけの余裕はなかった。

実権を握る宰相のアドルとその政敵のグムシュテギーンが激しい権力争いを展開し、一一七八年八月にはアドルがイスマーイール派の刺客によって暗殺される事件が発生した。さらにアナトリア半島のビザンツ帝国領内に進出していたルーム・セルジューク朝のキリジュ・アルスラーン二世（在位一一五五―九二）は、かつて奪われた国境地帯の領土の返還をサーリフに求めてきた。

サーリフの無力を知るサラディンは、ただちに兵を発してルーム・セルジューク朝の軍を迎え撃ち、これを一度の戦いで打ち破った。この敗戦を機にキリジュ・アルスラーンは南方への拡大政策を放棄し、これによってサラディンにたいする北方からの脅威は消滅した。この意味でこれは後のシリア情勢にも大きな影響を及ぼす勝利であったといえよう。

ザンギー朝対策

しかし、後顧の憂いなく十字軍との戦いを進めるためには、もう一つの難題を処理しておく必要があった。イラク北方のモスルに拠るザンギー朝対策がそれである。一一八〇年にサイフ・アッディーン・ガーズィーが没すると、弟のマスウード（在位一一八〇―九三）がモスルの新しい君主に選ばれた。即位後のマスウードはさっそくサラディンに手紙を送り、従来通りの領土の保持を認めてくれるよう要請した。

しかしサラディンはこれを拒否し、裁決はバグダードのカリフにゆだねる旨の回答を送り返した。軍事力によって事を一気に解決せず、カリフを巻き込んだ外交問題に転化したのである。この対処の仕方にもサラディンの特徴がよく現われているといえよう。

この間にサラディンは十字軍にたいしても圧力を強め、パレスティナの海岸地帯にあるサイダーとベイルートへの攻撃を敢行した。また、続いて行われたアルメニアのキリスト教君主にたいする攻撃も、サラディン軍の威勢を内外に示す結果をもたらした。

そして一一八〇年末、ダマスクスに戻ったサラディンのもとにバグダードから使節が到着し、モスルにたいしてもアイユーブ朝の主権を認めるカリフ・ナースィル（在位一一八〇―

一二二五）の書簡を手渡した。これはアッバース朝カリフの権威を重く見るサラディンにとってはとくに喜ばしい出来事であったに違いない。

サラディンはこの使節をともなってダマスクスを出発し、一一八一年はじめにカイロへ帰還した。使節の一行はカイロからメッカを経由してバグダードへ戻ったが、カリフの使節がこのルートによって帰国したことも、イスラーム世界にエジプトの重要性を広く知らしめる結果につながったのである。

ファイユーム地方が財源に

ふたたびエジプトに戻ったサラディンは、一一八二年五月まで一年四ヵ月あまりを首都カイロですごした。この間に、まず建設途中にある防衛用の市壁の点検を行い、北壁の起点となるマクスでナイルの土砂が城塞の外側に堆積しているのを発見すると、関係者に命じてこれを取り除く作業を行わせた。

十字軍は、シリア内陸部では劣勢であったが、東地中海域では依然として制海権を握っていたから、敵が海側からエジプトに侵入してくる恐れは十分に残っていた。この不安を取り除くためには、エジプト艦隊の強化をはかることが不可欠であった。一一八一年八月、サラディンは、エジプト艦隊の抜本的な改革に着手する。[9]

まず艦隊の建造を担当する戦艦庁（ディーワーン・アルウストゥール）を新しく設置し、

ファイユーム地方の税収入をその財源にあてることにした。

エジプト中部に位置するファイユーム地方は、上エジプトから引かれた長大なユースフ運河によって潤される肥沃な農耕地帯であった。早くから稲、棉、胡麻をはじめとする商品作物が栽培され、サラディンの時代にはこれらの作物にかわって砂糖きび栽培が急速に広まりつつあった。

ファイユームの町のすいか売り

この当時、ファイユーム地方で徴収される年間の税収入は約三十万ディーナール、エジプト全体のイクター収入のおよそ八パーセントに当たっていた。この他に上エジプトの各地から切り出されるサント木（アカシア科の樹木）も、建材として戦艦庁の管理下におかれることになった。

なお、これ以前からファイユーム地方は軍人のイクターとして授与されていたが、これらの軍人には、下エジプトの遊牧民が保持していたイクター収入を削減し、その削減分を割りあてることが定められた。アラブ遊牧民はサラディンの意図に反して、彼らのイクターから徴収した穀物を密かに十字軍側へ売り渡していたからである。

海軍増強・軍団の点検

サラディンは戦艦庁の指揮を兄弟のアーディルにゆだね、十字軍に対抗しうる戦艦（ウストゥール）の建造を急がせた。マクリーズィーの『エジプト誌』によれば、このときアレクサンドリアの軍港で働く船大工の日当も八分の五ディーナールから四分の三ディーナールへと引き上げられたという。ただ残念なことに、この計画にもとづいてどれだけの数の戦艦が建造され、どのような訓練が行われたのかは不明である。

一一七九年春の段階では、エジプト艦隊は八十隻からなり、そのうち五十隻を国境の防備にまわし、残りの三十隻が作戦用に振り向けられた。それから八一年まで大きな損失があったことは知られていないので、この数に上乗せする形で新しい戦艦の建造が行われたのであろう。

またサラディンは海軍の増強と同時に、イクターを保有する騎士の総点検を実施した。その結果、補助軍を構成するアラブ遊牧民を除いて、エジプト正規軍の数は、合計で八千六百四十騎、その内訳はアミールが百十一、タワーシー軍団が六千九百七十六騎、カラグラーム軍団が千五百五十三騎であった。

アミールは軍団を指揮する司令官、武将であり、タワーシーは、文字どおりには、「宦官」、カラグラームは「黒人奴隷」を意味する。しかしギブが指摘するように、ここではトルコ人やクルド人などから構成される正規軍のうち、上級の軍団がタワーシー、下級の軍団がカラグラームの名でよばれたと解釈するのが妥当であろう(10)。

詳細は不明であるが、このとき同時に各アミールが保持する騎士の数が定められ、それぞれのイクター収入が改めて確定された。こうしてエルサレムへ向けての出撃の準備は着々と整えられ、あとは機が熟すのを待つばかりとなったのである。

サーリフの死

一一八一年の夏、サラディンはコンスタンティノープルとの間に協定を結び、東地中海域で攻勢を強めつつあったシチリア島のノルマン人を封じ込める政策をとった。

しかし紛争の火種はむしろイスラーム世界の内側に残っていたといえよう。この年の十二月、ザンギー朝の血統に属するサーリフがアレッポで没すると、北シリアの政治情勢は急にあわただしい動きを見せはじめた。

サーリフは二十に満たない若者であったが、アレッポの人心をよく掌握し、武将たちのなかにも反サラディンの気持ちを抱く者が少なくなかった。彼らは、サーリフの死後、同じザンギー朝の系統に属するモスルの君主マスウードをアレッポに招き、町の統治権をゆだねた。しかしサラディンにしてみれば、これは今まで苦労して推しすすめてきたシリアの統合政策を脅《おび》やかしかねない、危険な連合であった。

サラディンはサーリフが重い病にかかったことを知ると、ただちにダマスクスとハマーに指令を発し、アレッポとモスルの連合を阻止するように命じていた。しかし前述のように、これに失敗したサラディンはふたたびバグダードのカリフに使節を送り、アレッポとモスルの連合は十字軍にたいする聖戦の実現を阻害する行動であると訴えた。

このような外交戦略を展開するいっぽう、サラディンは、一一八二年五月、約五千騎の新編制軍をひきいてカイロを出発し、シリアへと向かったのである。エジプトには兄弟のアーディルを「代理」として残し、カラークーシュには引き続き市壁の建設に当たることを言い渡した。この時サラディンは四十五歳、二度とエジプトへは戻ることのない行軍の開始であった。

サラディンにとって幸いであったのは、アレッポに入ったマスウードが、アイユーブ朝との協定を遵守し、ダマスクス侵攻の行動を起こさなかったことである。しかもモスル西方のスィンジャールに拠るイマード・アッディーン（ザンギー二世）は、兄弟のマスウードにたいしてアレッポの領有権を主張し、もしこれが受け入れられなければ、スィンジャールをサラディンに譲り渡すと脅迫した。結局、マスウードはこの要求をのみ、兄弟にアレッポを譲り渡してモスルへと引き揚げたのである。

モスルとの戦い

シリアへ進出したサラディンは、エジプト艦隊にも出動を命じ、海側と陸側からベイルートを挟撃して十字軍からこの港町を奪取し、ここにムスリム軍の補給基地を確保することをねらった。しかしサラディン軍の到着が遅れたためにこの作戦は実を結ばず、三十隻のエジプト艦隊は戦端を開くことなくベイルート沖から撤退した。

サラディンはベイルートの包囲をあきらめ、軍の主力を北方のアレッポへと進めた。アレッポの新君主となったザンギー二世にも、サラディンへの積極的な協力を迫ることが必要だったからである。

しかしこの作戦行動は途中で変更された。ハッラーン総督から、「今、ユーフラテス川を渡ってジャズィーラ（北イラク）に進出すれば、各地の領主はこぞってあなたに帰順するでありましょう」との進言を受けたからである。

サラディンはジャズィーラ平定の好機と考えたに違いない。一一八二年九月、この進言どおりにアレッポの北でユーフラテス川を渡ったサラディンは、ビーラの町に布陣すると、つぎのような手紙をジャズィーラ諸侯に書き送った。

自らすすんで町を明け渡した者には、私は、その者がスルタンの軍に属し、スルタンに従い、不信仰者とのジハード（聖戦）に協力するという条件で、その領土を安堵するであ

ろう。(11)

このよびかけにたいする反応は、サラディンの期待をはるかに上回るものであった。それまでモスルのザンギー朝の支配下にあったルハー、ハッラーン、マンビジュ、ラース・アインなどの諸侯が続々とサラディンへの帰順を表明したのである。

この勢いをかってサラディンはモスルへと軍を進め、この町を包囲したが、その目的はあくまでもアイユーブ朝スルタンの主権を認めさせ、聖戦への積極的な協力を求めることにあった。

攻城機（マンジャニーク）による攻撃の合間をぬって、サラディンと城主マスウードとの間に交渉が繰りかえされた。

しかし町の守りは固く、交渉による妥協の試みも不調に終わった。冬の到来を機にサラディンは交渉を打ち切り、包囲を解いて軍を撤退させた。これによってモスル問題の解決はまたしても先送りとなったのである。

おまえに適わしいのは洗濯男だ——アレッポ開城

モスルから撤退したサラディンは、翌一一八三年の五月はじめ、ティグリス川をさかのぼってディヤール・バクル地方の要衝アーミドを包囲した。

アーミドは堅固な守りをもって知られる城塞都市であったが、サラディンがわずか三週間の戦いでこれを手中にすると、周辺の諸侯は次々とアイユーブ朝の主権を認めて帰順した。サラディンは、懸案であったアレッポ奪取の機がようやく訪れたと判断し、五月末には早くもアレッポの包囲に取りかかった。

アレッポの住民はサラディンにたいして城門を開こうとはしなかったが、新君主のザンギー二世は密かに開城の交渉を行い、元の領地であるスインジャールと交換にアレッポを明け渡すことに同意した。

城塞からアレッポ市街を望む

六月十一日にサラディンの黄色い旗が城塞に掲げられると、アレッポの住民は誰もがこの処置に驚愕し、怒りをあらわにした。イブン・アルアスィールによれば、住民の一人は水がめを持ち出し、ザンギーに向かって、「おまえに王たる者の資格はない。おまえに適《ふさ》わしいのは洗濯男だ」と叫んだという。

たしかにザンギーは「アレッポを安売りしすぎた」のかもしれない。サラディンの秘書であったカーディー・アルファーディルですら、アレッポの奪取を評して、

「われわれは銀貨で金貨を手に入れたようなものだ」と述べたといわれる。

いずれにせよ、無血のうちにアレッポを征服したことは、サラディンに大きなプラスをもたらした。一一七四年にシリアへ進出して以来、実に九年ぶりにシリア内陸部の完全な統合を実現することになったからである。

この年の八月、サラディンはバグダードのカリフに書簡を送って、聖戦のための障害はすべて取り除かれたと伝えたが、これはエジプトとシリアに支配権を確立したことによる自信の深まりを示すものといえるであろう。

休戦破り――ルノー・ド・シャティヨン

ボードワン四世(在位一一七四―八五)は、サラディンがシリアに進出したのと同じ年にエルサレム王国を継承した。その十年余りの治世の間に、エルサレム王国を中心とする十字軍諸国家は、ただ衰退を重ねるだけだったのであろうか。

たしかに王国を取り巻く状況はかんばしいものではなかった。しかし十字軍国家の衰退とサラディンによるエルサレムの奪回を単純に結び付けるのはやはり事実に反するであろう。

ボードワン四世は経験豊かなスールの司教ウイリアムを顧問に用い、その教示をえて王国がおかれた状況を十分に把握していた。一一七七年、アスカラーンに進出したサラディンに手痛い敗北をあたえたのも彼の冷静な判断によるものであった。

また、トリポリ伯のレーモン三世も古参の十字軍諸侯をとりまとめて若年のエルサレム王を補佐し、一一八〇年にはサラディンとの間に休戦協定を結ぶことに成功した。司教ウイリアムによれば、これは十字軍側には不利な協定であったが、それでも病に冒されていたボードワンには貴重な休戦であったに違いない。

しかし、この休戦協定を破る者が自陣のなかから現われた。シリア南部の要衝カラクとシャウバクを治めるルノー・ド・シャティヨンである。

一一八一年、ルノーは軍を集結してアラビア半島を南下し、イスラームの聖地のひとつメディナを奪取しようと目論んだ。この時は、ダマスクスから出撃したムスリム軍に退路を断たれる恐れが出てきたために撤退したが、これだけでも協定に違反する敵対行動であるとみなされた。

しかもルノーは、二年後の一一八三年一月、ふたたび出撃してメッカ・メディナをめざし、さらに戦艦も動員して紅海貿易路をみずからの支配下におこうと考えた。しかしサラディンの指令を受けたエジプト艦隊の攻撃を受けてもろくも敗れ、多数の捕虜を残して撤退せざるをえなかったのである。結局、このようなルノーの行動は、ムスリムの怒りをあおり、イスラーム勢力を団結に向かわせるだけの効果しかもたらさなかったといえよう。

死海東方のカラク。すり鉢状の山の上に城塞と市街がある

エルサレム王位をめぐる争い

一一八三年九月には、ルノーにたいする懲罰と復讐を決意したサラディンによって、ヨルダン川西岸のバイサーンが攻撃され、略奪の後に町を焼き払われた。また、ルノーの居城であるカラクもアーディル配下のエジプト軍による包囲攻撃を受けたが、自然の要塞であるカラクの守りは固く、一ヵ月余におよぶ包囲によく耐えることができた。

しかしルノーにたいするサラディンの怒りは収まらず、一一八四年七月には、ふたたびアーディルに命じてカラクの包囲に向かわせた。今回はサラディンの軍も加わった大攻撃であったが、ルノーは味方の援軍をえて、何とかこの包囲攻撃をしのぐことができた。サラディンの側からみれば、「イスラームの喉に刺さったとげ」をまだ取り除くことができなかったのである。

いっぽうこの間に、十字軍側ではエルサレム王国の王位継承をめぐって深刻な対立が生じていた。一一八〇年、王位継承権をもつボードワンの妹シビーユがギー・ド・リュジニャンと結婚すると、これに反対するトリポリ伯のレーモンは古参の諸侯をひきいて前線を離脱してしまったのである。

サラディンが攻勢を強めるなかで、抵抗を組織すべき王国の体制自体に亀裂が生じはじめていた。その後、レーモンはふたたびボードワン四世の顧問として前線に復帰したが、ギー派とレーモン派の対立は依然として続き、ヨーロッパからの新しい援軍も到着しなかった。

そして一一八六年、ボードワン五世（在位一一八五―八六）が短い治世を終えると、人望のないギー（在位一一八六―九二）が王位を継承した。十字軍側は、サラディンがイスラーム内部の問題にかかずらっていることを期待する以外に、とるべき方策はないのが実情であった。[12]

エジプトは踏石にすぎないか

一一八五年の春、サラディンは三たびモスルにたいして軍を発し、大軍をもって町を包囲したが、またしても城主のマスウードは降伏を拒絶した。しかしサラディンの意思が固いことを知ったマスウードは、妻を使節に仕立てて弁明に努めたが、スルタンの理解を得ることはできなかった。

膠着状態が続いたまま冬を迎えたとき、サラディンは突然高熱を発して重い病におちいり、重病のうわさはシリアの政治状況を混乱に導く危険さえはらんでいた。しかしこの病から回復したサラディンはマスウードとの交渉を再開し、一一八六年三月には、後にサラディンに仕えることになるイブン・シャッダードの仲介によって、両者の間に和平協定が取り交わされた。マスウードは、モスルの領有を継続するみかえりに、アイユーブ朝の主権を承認し、金曜日の説教（フトバ）と貨幣にサラディンの名を入れることに同意したのである。

アレッポにつぐモスルの併合によって、ザンギー朝の領土はすべてサラディンの主権の下に統合されることになった。エーレンクロイツはこれをサラディンによる「拡張主義」の結果とみなしているが[13]、アレッポとモスルが同一の血族によって統治されてきたことを考えれば、アレッポ支配を安定させるためにはモスルの併合が不可欠であったことは明らかであろう。サラディンにはムスリム諸侯にたいしてこれ以上戦線を拡大し、さらに支配領域を広げる意図はなかったものと思われる。

しかしシリアでの軍事行動に要する戦費の主要部分をまかなっていたのはエジプトであった。財政を預かるカーディー・アルファーディルは、サラディンあての書簡のなかで、シリアからの帰還兵にたいする支払いや商人への払戻し、さらにはモスクや学院の経費などがかさみ、エジプト財政はきわめて困難な状況にあることを訴えている。

しかも一一八四年にはナイルの大洪水によってエジプト農民は耕作不能の状態に陥り、これにペストの流行が追い打ちをかけた。アルファーディルは、サラディンがエジプトの統治をおろそかにし、まるで「シリアの主」であるかのように振る舞っていることに不満であった。これにたいしてサラディンは、「エジプトは忠実な妻（シリア）から私を切り離そうとする淫婦のようなものではないか」と述べたといわれる。(14) サラディンにとって、エジプトはシリア支配のための、たんなる踏石にすぎなかったのだろうか。サラディンが、少年時代をすごしたシリアに愛着を感じ、エルサレムの解放に執念をもち続けたことは確かである。しかし首都カイロにいる時のサラディンは、エジプト行政にも積極的に取り組み、学者たち（ウラマー）にたいしては惜しみない援助をあたえた。むろんエジプトなくしてエルサレムの解放もありえないことは十分に理解していたはずである。

右の言葉が語られた前後の事情は不明であるが、サラディンがエジプトの富をシリア進出のための「道具」としてだけ利用しようとしていたとは考えにくい。少なくとも、ファーティマ朝の宰相に就任した当初のサラディンは、シリアのヌール・アッディーンと決別してエジプトに独立の王朝を樹立する覚悟を固めていたのである。

3　エルサレム奪回

サラディンの軍隊

それではエジプトからシリア内陸部、さらにはイラク北部のジャズィーラ地方にまで支配権を拡大したサラディンの軍隊は、どのように構成されていたのだろうか。

ギブの研究によれば、[15] 一一七一年、コンスタンティノープルからの使節を前にカイロで閲兵式が行われたとき、これに参加したのはエジプト軍を構成する百七十四軍団（トルブ）であった。トルブとは一人のアミールによって指揮される単位軍団を意味し、一トルブは七十—二百の騎士で構成されていた。

これらのエジプト軍の総数は一万四千騎に達したが、その中核はトルコ人マムルーク（奴隷兵）と自由身分のクルド人であった。その後、軍隊の削減を行い、イエメンにも相当数の軍隊を派遣したことによって、一一八一年にはイクターを保持するエジプト正規軍の総数は八千六百四十騎と定められた。サラディンがシリア遠征に動員したのは、この正規軍のうちの約半数に当たる四千騎余りであったといわれる。

一一七四年にシリアに進出したサラディンは、ダマスクスをはじめとする各地の都市を支配下に組み込み、順次、動員の態勢を整えていった。各都市に駐屯する騎士の数は、ダマスクスが千余り、ヒムスが五百、ハマーが千、アレッポが千、モスルが二千、その他のジャズィーラ都市が合計で三千であった。エジプトを含めて以上を合計すると一万二千五百となり、正規軍についていえば、これがサラディンが動員しうる最大の軍事力であった。ちなみに、後述するヒッティーンの戦いに参加したムスリム軍の総数は一万二千騎であったという。

以上の正規軍のほかに、サラディンには次のような補助軍と歩兵が加わった。サラディンは、ヌール・アッディーン以来の伝統にしたがって、遊牧のトルコマーンを補助軍に採用した。第三回のエジプト遠征（一一六九年）のときには、シリア軍のなかに六千のトルコマーンが含まれていたという。

また、サラディンと出自を同じくするクルド人は、正規軍を構成する以外に、多数が騎馬兵として補助軍に加わっていた。さらにエジプトとシリアのアラブ遊牧民も、しばしばサラディンに協力して十字軍領内に侵入し、穀物や財産の略奪を行った。

いっぽう、民間の志願兵や徴発された農民を含む歩兵あるいは雑兵はもっぱら攻城戦に用いられ、石を飛ばす攻城機の操作や塹壕《ざんごう》掘り、あるいはテントの設置作業などに用いられた。なお、史料には記されていないが、騎士のために衣服を洗濯し、食事をととのえることも、これらの雑兵の重要な任務であったと思われる。

御恩に報いるために――ムスリム騎士

アラビア語で騎士のことをファーリスというが、イスラーム社会では世代をこえて受け継がれてゆく、固定的な「騎士の身分」は存在しなかった。由緒正しいアラブの血を引く者であれ、よそ者の奴隷兵（マムルーク）であれ、騎馬戦士はすべて騎士（ファーリス）の名でよばれたのである。

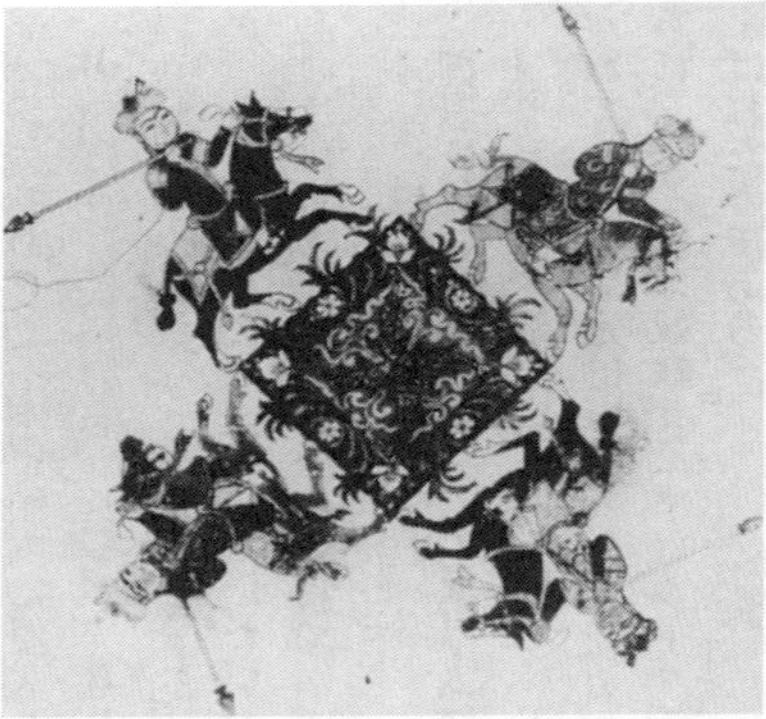
馬場で訓練するムスリム騎士（『騎士道の書』〈14世紀〉の挿絵）

彼らはいわば職業的な戦士であって、商人や職人、あるいは農民が騎士にとりたてられる道は開かれていなかった。正規軍を構成する騎士は、はじめは小規模なイクターをあたえられ、スルタンへの忠実な奉仕を続けて戦功をあげれば、やがて軍団を統率するアミールに任じられた。

アイユーブ朝時代には、まだ後のマムルーク朝時代のような百人長、四十人長、十人長といった整備された軍隊制度はなく、わずかに大アミールと小アミールとが区別されていたにすぎない。アミールはイクター収入を用いて子飼いの騎士を養い、スルタンから出陣の命令が下れば、みずから戦備を整え、これらの騎士をひきいて参戦することが義務づけられていた。

ムスリム騎士の理想は、異教徒との戦い（ジハード）で奮迅の活躍をすることであった。たとえこの戦闘で殺されても、「神の道」において戦った者は殉教者（シャヒード）となり、天国に入ることができると信じられた。騎士たる者は、スルタンやアミールなどの主人に忠実に仕え、戦いとなれば、冷静に馬を乗りこなすとともに、死を恐れぬ勇気を発揮することが求められたのである。

名門のアラブ騎士として名をはせたウサーマ（一一八八年没）は、その『回想録』のなかで、つぎのような騎士の話を語っている。

ファーリス（騎士）という名のクルド人がいた。彼はその名の通り、比類なき騎士であった。〔十字軍騎士との交戦で〕ファーリスは熾烈《しれつ》な戦いをし、多くの傷を受けたがなおも戦い続け、またさらに負傷し、ついにはその負傷で動けなくなってしまった。やがて戦いが終り、私の亡き父と叔父が、男たちに担がれているファーリスの側を通りかかった折に立ち止まって、無事だったことを喜ぶと、彼は言った。「私は御二人に大いなる恩義を受けております。それで私は、御二人の前で戦い、御恩にむくいるために、御二人の前で殺されようと思ったのです」[16]。

この逸話は、主人の恩義に報いることもムスリム騎士の重要な徳目であったことを示している。このように戦いのときに武勇を発揮し、騎士としての誉《ほま》れを保つためには、日ごろから騎士道（フルースィーヤ）の道に精進していることが必要であった。

この訓練のために行われたのがポロの競技であり、青年時代のサラディンもこの競技を得意にしていたと伝えられる。

十字架の旗を掲げる十字軍騎士
(The Horn of Hattin, p.338. より)

ムスリムの騎士は、比較的軽い鎖かたびらを身に着け、馬上から自在に矢を射かける戦法を得意としていたが、騎士道を究めるためには、弓や槍や刀剣の訓練ばかりでなく、馬の飼育や調教にもたけ、さらに詩文をたしなむ教養も磨かねばならなかった。

ヨーロッパの騎士は……

いっぽう、ヨーロッパ社会に騎士階級が成立し、貴族の多くが騎士（イギリスのナイト、フランスのシュバリエ）の称号を帯びるようになるのは十二世紀ごろからのことであった[17]。そしていったん騎士階級が成立すると、騎士の伝統をもたない家門の子弟はこの身分から排除されていったことがイスラーム社会とは異なる特徴であろう。

騎士は、国王や伯爵など、上位の者から封土《ほうど》（フィーフ）をあたえられ、その規模に応じて軍事的な奉仕を行うことが要求された。一見したところ、イスラーム社会のイクターとヨーロッパ社会の封土は類似していると思われるかもしれない。しかし封土の授受が相互の契約にもとづいて行われたのにたいして、イクターの授与はスルタンへの絶対的な服従を前提にしていた点に注意しなければならない。

理想にかなったキリスト教徒の騎士とは、国王や主人にたいして誠実であり、さらに勇敢さと謙虚さをあわせもち、しかも勤勉でなければならなかった。また教会は貧者や弱者の保護を騎士に求めたが、十字軍の提唱にあたっては、キリストの墓を異教徒の支配から解放することを熱心に説いた。つまり武装して異教徒と戦い、エルサレムに巡礼すれば、免罪符が与えられるという新しい考えを示したのである。

ヨーロッパの騎士道も、勇気や誠実さを徳目の中心においている点では、イスラームの騎士道とほとんど変りがない。ただ、キリスト教徒の騎士にとって、学問や教養はかえって武勇のさまたげになるとみなされたことは、イスラーム社会の通念とはおおいに異なっていた。

十字軍騎士は鉄製の重い鎧《よろい》を身に着け、密集形態による槍の突撃を得意としていた。軽装のムスリム騎士と重装の十字軍騎士は、外見の姿や戦闘の方法は対照的であったが、両者の信念と目的は「聖地エルサレムの攻防」という一点へ向けてしだいに収斂《しゅうれん》していったのである。

きっと彼を殺してみせます――ルノーの裏切り

一一八二年に再度シリアへ進出してからのサラディンは、一一八六年にモスルを統合するまで、アレッポの包囲、ジャズィーラ諸都市の征服、カラクへの攻撃など軍隊を指揮して忙しい戦いの年月をすごした。

しかし作戦を終えてダマスクスに戻れば、昼は華やかなガウンをまとってポロの競技を楽しみ、夜は旧知のアラブ人騎士ウサーマたちと親しく詩を吟じたり、チェスのゲームに興じたりすることができた。また、学者たちを招いて『コーラン』やハディース（預言者ムハンマドの言行を伝える伝承）の講義に耳を傾けることもサラディンの楽しみの一つであったといわれる(18)。

十字軍やムスリム諸侯との戦いを進めるにあたって、サラディンは早くからイタリア諸都市と協約を結び、木材や鉄など戦争資材の確保に努めた。一一七三年にはピサとの間に協約を結び、さらにジェノヴァやヴェネツィアとも同様の協約を締結した。また悪化の一途をたどるエルサレム王国とビザンツ帝国との関係を利用して、一一八五年にはビザンツ帝国との間に同盟関係を樹立することに成功した。

しかし、これを妨害しようとするトリポリ伯のレーモンは、帰国の途上にあったコンスタンティノープルの使節をアッカー沖で逮捕する挙に出たのである。これはサラディンの戦略にたいする明らかな挑戦であった。

さらに、カラクの城主ルノーは、一一八七年のはじめに、またしても和平協定に違反してエジプトとシリアを結ぶ隊商を襲い、莫大な商品を奪うとともに、多くのムスリムを捕虜にしてカラクに連れ去った。

サラディンは使節を派遣してこの裏切り行為を非難し、捕虜の釈放と商品の返還を要求したが、ルノーは使節に会うことさえ拒絶した。イブン・アルアスィールによれば、このときサラディンは、「ルノーに勝利したならば、きっと彼を殺してみせます」と神に誓ったという。

年が明けたヒジュラ暦五八三年のムハッラム月（一一八七年三月）、サラディンはダマスクスからエジプト、シリア、ジャズィーラの諸地方に指令を発し、ムスリム諸侯に聖戦（ジハード）への参加をよびかけた。そして、みずからは軍をひきいてカラクへ向かい、メッカ巡礼団が無事帰国したことを見届けると、カラクの城を包囲し、周辺の村落を焼き払った。また、息子のアフダルに命じてアッカーへの攻撃に向かわせ、迎撃に出たテンプル騎士団とホスピタル騎士団に致命的な打撃をあたえた。アフダルはアッカー周辺の略奪を終えると、軍を引いてティベリアス湖畔に宿営し、サラディン軍の到着を待った。決戦の時はしだいに近づきつつあったといえよう。

おびき出し――ティベリアス襲撃

サラディンによるジハードのよびかけに応じて、ダマスクス、アレッポ、モスル、ディヤール・バクルなどからムスリム軍が続々と集まってきた。進んで異教徒との戦いに協力しよ

トリポリ伯の妻が居城としていたティベリアス湖畔の城塞

うとする民間人の数も少なくなかった。

一一八七年の五月末、サラディンはダマスクス南方のアシュタラーに軍を集結したが、エジプト軍を中心とする正規軍の数は約一万二千、補助軍と志願兵の数もこれとほぼ同数に達した。サラディンはアミールたちを前にして、

われわれは全軍をもって不信仰者たちの全軍に相まみえよう。物事は人の思惑どおりには運ばないものだ。われわれ人間には今後の運命を予知することはできない。この軍を解く前に、われわれは敢然としてジハードに力を傾けよう。[19]

と述べたという。こうしてアミールたちの戦意を鼓舞し、戦闘隊形を整えたサラディンは、六月二十六日、軍を発してティベリアス湖の南を迂回し、ヨルダン川を渡ってパレスティナの地に入った。七月二日、サラディンは、十字軍の本隊をおびき出すために、湖の西岸にあるティベリアスの町を襲い、町の領主であったトリポリ伯の妻を追い詰めて城塞に孤立させた。

いっぽう、サラディンが軍を集結していることを知ったギー王も、諸侯を動員してムスリム軍にほぼ匹敵する数の軍隊を集め、ナザレ北方に位置するサッフーリーヤ（サフォリス）の高地に陣地を築いた。しかし諸侯の多くはギー王の指揮能力に疑問を抱いていたために、軍の統制は早くから失われ、戦闘の仕方についても意見がわかれた。

トリポリ伯のレーモンは有利な地形を生かして陣地にこもるべきだと主張したが、強硬派のルノーが、そのような主張はサラディンにくみするものだと非難したために、気弱なギー王の気持ちもようやく出陣に傾きかけた。

この評定《ひょうじょう》の間に、ティベリアスの町が襲撃され、トリポリ伯の妻が城塞に孤立したとの報がもたらされた。妻が危険な状態に陥ったことを知ったレーモンは、サラディンの思惑どおり、たちまち主戦論に転じた。

イマード・アッディーン（一二〇一年没）の『征服の書』によれば、レーモンは「今日から彼らは座して待つべきではない。もしティベリアスが落ちれば、われわれのすべての領土が失われてしまうであろう」と訴えたという。ついにギー王は出陣を決意し、七月三日に高地を降りてティベリアス湖をめざした。

ヒッティーンの戦い――一一八七年七月四日

ギー王が動きはじめたとの情報をえたサラディンは、本隊と合流して西へ向かい、ヒッティーン（ハッティーンともいう）の付近で敵を包囲することに成功した。ヒッティーンの丘はティベリアス湖から西へ約十キロメートル、東側に突き出た険しい突端を背に南西側にはなだらかな丘陵地帯が展開する。

私が訪れた四月なかばのヒッティーンは、花と緑の草に覆われた、みごとな景観の古戦場であった。近くにはヒッティーン村の耕地やオリーブの林も広がっている。しかし両軍が戦った七月はじめは酷暑の季節にあたり、とくに水場を断たれた十字軍の騎士たちは、ひどい渇きに苦しめられた。

七月四日の朝からはじまった両軍の衝突は、はじめは互角であったが、風上にたったムスリム軍は雑草に火をつけ、これが十字軍を恐慌に陥れた。レーモンは逃走し、残った者は丘の頂上に登って反撃を試みたが、ムスリム軍によってしだいに追い詰められ、ついに軍旗代わりの「真の十字架」も奪われてしまった。

ギー王とルノーは捕虜となってテントに座るサラディンの前に引き出された。イブン・シャッダードによれば、サラディンは、

ギー王に氷入りのバラ水をふるまった。彼は渇きがひどかったので、これを一口飲み、次

にルノーに回そうとした。しかしサラディンはこれをさえぎり、通訳を介して「私が水をあげたのはあなたであって、ルノーではない」と述べた[20]。という。アラブ社会では、食べ物や飲み物をあたえられた捕虜は生命の安全を保証されるのが習慣であった。サラディンはルノーにたいしてはこれを拒否し、数々の裏切り行為を指

（上）　ヒッティーンの古戦場
（下）　『マシュー・パリス年代記』の写本に描かれたヒッティーンの戦い

摘した後に、みずから剣をとってその首をはねたと伝えられる。

海岸諸都市の征服――残るはエルサレム

十字軍の本隊を壊滅させた後のサラディンは、地中海岸に連なる諸都市を矢つぎばやに征服した。七月九日には早くもアッカーを落とし、モスクでの礼拝（サラート）をすませると、この町を息子のアフダルにイクターとして授与した。

ついで分遣隊をカイサーリーヤ、ハイファー、サッフーリーヤなどに送り、これらの都市をほとんど何の抵抗もなくムスリム側に奪回した。サラディン自身は海岸地帯を南下してヤーファーへと軍を進め、これを武力で征服すると男女のキリスト教徒を捕虜にし、彼らの財産を没収した。

つぎに軍を北にかえしたサラディンは、十字軍が放棄したサイダーの町に入り、さらに北上して七月二十九日にはベイルートの包囲に取りかかった。十字軍は城塞に立てこもって抵抗したが、八日後には降伏し、その北のジュバイルもムスリム捕虜の解放を条件に無血開城された。

これからふたたび軍を反転したサラディンは、ヤーファーの南にあるアスカラーンの町を包囲し、激しい戦いの後に防衛軍は降伏した。サラディンは降伏条件を守り、十字軍とその家族をエルサレムに無事送り届けたという。

こうして一一八七年の九月はじめまでには、海岸都市の多くはムスリムの支配に帰し、主要な都市に限れば、十字軍が保持しているのはスール（ティール）、トリポリ、ラタキア、アンティオキアの四都市だけとなった。そしてダマスクスとカイロを結ぶ街道上に残っている唯一の拠点が目指す聖都エルサレムであった。

アスカラーンからエルサレムまでは、わずか八十キロメートルの道のりにすぎない。サラディンにとって、ジハードの成就はいよいよ間近に迫っていたのである。

聖地解放

しかし慎重なサラディンは、エルサレムへの出発に先立ってエジプト艦隊をシリアによびよせ、海岸の防備に就かせる方策をとった。サラディンは艦隊の到着を確かめたうえで進軍を開始したが、この行軍には多くの民間人が付きしたがっていた。彼らは、「ムスリムがエルサレムを支配できるのなら、死などたやすいことだ」と考えていたという。

いっぽう、サラディンの接近を知った十字軍は、ラムラの領主バリアンの指揮の下に攻城機を外に向けて設置し、また城壁にのぼった兵士たちは、体と壁を鎖で結んで必死の防備を固めていた。

九月二十日、サラディンの軍はエルサレムに到着した。はじめサラディンは町の西側に布陣したが、この側面は深い谷が迫っているために城壁は高く、ダヴィデの塔の守りは堅固で

エルサレムの岩のドーム（左）とアクサー・モスク（右）。

あった。五日間の調査の後に、サラディンは軍をダマスクス門のある北側へ移動させ、ここに攻撃のための陣地を築いた。攻めるムスリム軍は約二万騎、守る十字軍の戦闘員は六万余を数えたといわれる。

しかし戦いはあっけなく終わった。城壁を打ち破ったムスリム軍が市内に乱入すると、十字軍は抵抗をあきらめ、バリアンはサラディンに会見してキリスト教徒の生命の安全を求めた。

サラディンは、はじめこれを拒否したが、バリアンが「それなら岩のドームやアクサー・モスクを破壊し、ムスリムの捕虜五千人もすべて殺害するであろう」と脅したために、やむなくこれに同意したという。ただし城内のキリスト教徒はすべて捕虜とみなされ、男は十ディーナール、女は五ディーナール、子どもは一ディーナールの支払いを条件にエルサレムを離れることが認められた。

一一八七年十月二日、サラディンは軍をひきいて念願の聖地入りを果たした。ヒジュラ暦では五八三年ラジャブ月二十七日、ムスリムたちがメッカからエルサレムへの預言者の「夜の旅」を祝う日にあたっていた。城壁にはサラディンの黄色い旗が掲げられ、町は八十八年ぶりに訪れた聖地の奪回に沸き立った。

岩のドームから金の十字架が引き降ろされると、町の内外にいた人々は、ムスリムもフランク人（十字軍の騎士）も同時に叫び声をあげた。ムスリムたちは喜んで「神は偉大なり」と叫び、フランク人は悲痛の呻き声をもらした。人々はその大きさと激しさのゆえに、大地を揺るがすばかりの大音声を耳にしたのであった。(21)

つぎの金曜日がくると、サラディンは岩のドームでムスリムたちと公式の礼拝を行い、同時にアッバース朝のカリフ・ナースィルの名による説教（フトバ）が行われた。こうして聖地を異教徒の手から取り戻し、長年の夢はようやくかなえられた。しかしサラディンもエジプトで政権の座に就いてから二十年、すでに五十の歳を迎えようとしていた。

旅行記は語る

オリーブ山から見るエルサレムの眺めはすばらしい。谷を隔てて城壁が横に長く連なり、そのすぐ内側には岩のドームが朝日を受けて燦然《さんぜん》と輝いている。その左手が細長い灰色の屋根と銀色のドームに覆われた地味な色調のアクサー・

モスク（ウマイヤ朝時代の建設）。そしてこの両建築を取り囲む長方形の地域が、ムスリムの「聖なる地区」（ハラム・アッシャリーフ）である。

「嘆きの壁」（ソロモンの神殿跡）はアクサー・モスクのすぐ裏手にあり、そこからユダヤ教徒地区がはじまる。目を右に転じると、いちばん端にあるのがライオン門、これをくぐればムスリム地区が広がり、にぎやかな市場通りを歩くうちに、いつの間にかキリスト教徒地区へ入り込み、イエスの遺体を祭る聖墳墓教会に突きあたる。ここを左に折れて南に進めばアルメニア教徒（単性論派のキリスト教徒）地区であり、ひっそりと静まりかえった道をたどってゆくと、やがてシオン門へとたどり着く（次ページ地図参照）。

オリーブ山から見たエルサレム

一〇四七年三月にエルサレムを訪れたイラン人のナースィル・ホスロー（一〇六一年没）は、その『旅行記』のなかで、「エルサレムは大きな町であり、男子の人口は二万を数える。そこには立派な市場が幾つもあり、建物は高く、すべての通りには石が敷き詰められている。職人の数も多く、職種ごとに組合がある」と記している。

また、アンダルシア生まれのユダヤ教徒ベンヤミン（一一七三年没）は、その『旅行記』のなかで、解放前のエルサレムについて、

これは小さな町であるが、三つの城壁によって堅固に守られている。そこにはヤコブ派教会、シリア正教会、アルメニア教会、ギリシア正教会などに属するキリスト教徒やグルジア人、フランク人などが多数住み、それぞれに固有な言葉を話している。また、染色業をエルサレム王から年契約で請け負うユダヤ教徒がおり、その数は町全体でおよそ二百名である。彼らはダヴィデの塔に接する街区に住んでいる。(22)

と語っている。

いっぽう、一一八四年四月にダマスクスを出発したイブン・ジュバイルは、十字軍支配下のエルサレムには立ち寄ることなく、帰国のために地中海岸のアッカーへ向かった。正

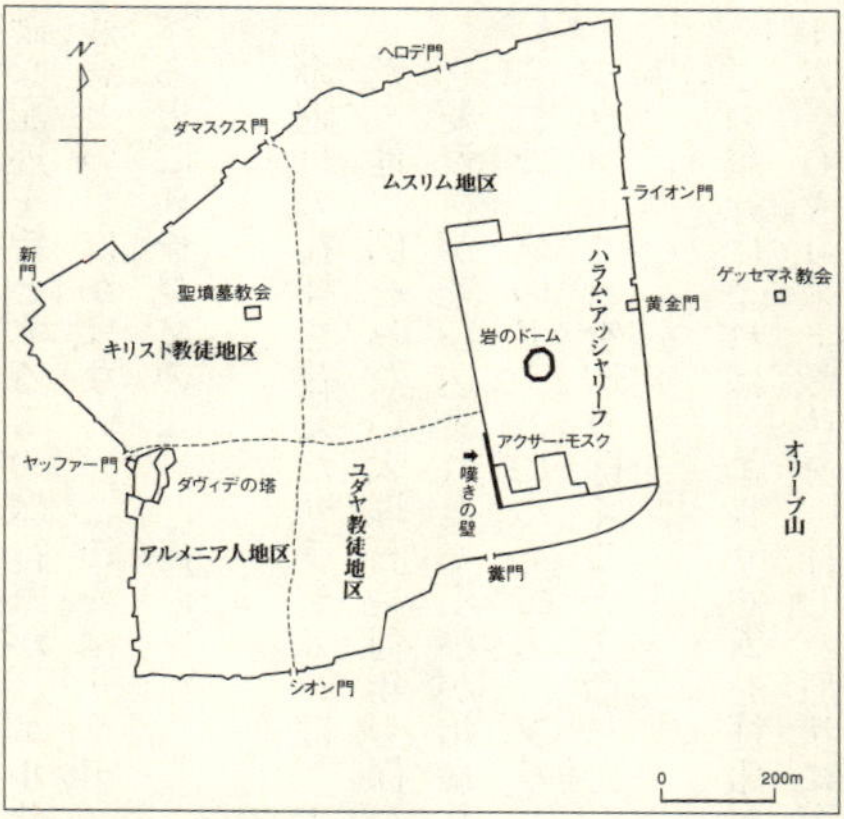

エルサレム旧市街

べるところを見てみよう。

確な記述を旨とするこの旅行家が、エルサレムの解放を待つことなくシリアを後にしたのは残念というほかはない。ここではサラディンと同時代の歴史家イブン・アルアスィールの述べるところを見てみよう。

金曜日の礼拝を終えたサラディンは、アクサー・モスクの改修と装飾の補修に取りかかった。他に例をみない大理石や何年も保存されていたコンスタンティノープル製の金塊など必要資材が運び込まれた。工事が始まり、建物に彫られた(キリスト教の)図柄は削り取られた。岩のドームについても、フランク人は内部の岩を大理石で覆っていたので、サラディンはこれを取り除くことを命じた[23]。

この記録によれば、エルサレムを征服したサラディンは、まずアクサー・モスクと岩のドームからキリスト教色を一掃し、原状に復すことを命じたことになる。

とくに岩のドーム内にある大きな岩は、ここから預言者が天に昇って神の前にひれ伏したとされる聖石であり、これに覆いをかけることは許されなかった。岩の色は灰白色《かいはく》、十メートル四方ほどの平たい形をしており、中央がやや盛り上がっている。

大理石の覆いが取り除かれると、サラディンの甥のタキー・アッディーン・ウマルはこの岩をばら水で何度も洗い清めたという。こうしてエルサレムを代表するモスクとドームは、この改修工事をへて、ふたたび「イスラームの象徴」として蘇《よみがえ》ったのである。

征服からおよそ一ヵ月間、サラディンはエルサレムに留まって町の秩序を回復し、ホスピタル騎士団の館をシャーフィイー派（四正統法学派の一つ）の学院（マドラサ）に改変するなど、十字軍が占拠していた建物を接収して、これらをモスクやマドラサに改めた。これが一段落すると、サラディンはエルサレムの統治をアミールのフサーム・アッディーン・サールージュに委ね、みずからは兄弟のアーディルをともなって地中海岸のスールに向かった。一一八七年十月三十日のことである。

4　アッカーをめぐる攻防

スールの攻略に失敗

スール（ティール）はフェニキア時代以来の歴史を有する古い港町であり、石づくりの堅固な城塞によって守られてきた。十一月十二日、サラディンはアッカーを経由してこの港町に姿を現わした。

しかしアスカラーンやエルサレムから逃れてきた十字軍の騎士たちは、城壁を補強し、また海と海をつなぐ堀割をさらに深くしていっそうの防備を固めていた。三方を海に囲まれ、陸側を堀割で隔てられた町は、あたかも「海に浮かぶ島」のようであり、ここに達すること

城攻めに用いられた投石機（マンジャニーク）。左側のアームを引き絞り、右側のボウルに入れた石を飛ばした（Islamic Technology, p.101. より）

は至難の業であった。

戦いは城塞と陸を結ぶ中道を舞台にして行われた。ムスリム軍は投石機（マンジャニーク）や大型の盾（ダッバーバ）を用いて攻めたが、ピエモント侯のコンラートに指揮された敵側の守りは固く、しだいに戦死者や負傷者の数が増えていった。

サラディンは十字軍の艦隊を封じ込めるために、アッカーから十隻のエジプト戦艦をよびよせた。しかしこの艦隊も明け方の奇襲を受けて半数が壊滅するという不祥事に見舞われた。その後も戦いは続けられ、双方ともに多くの戦死者を出したが、いずれの側も決定的な勝利を収めることはできなかった。

戦況が長びくと判断したサラディンは、いったん包囲を解いてスールを離れる決心をした。しかし歴史家のイブン・アルアスィールはこの決定を、つぎのように批判する。

「町が断固とした抵抗を示すと、すぐ嫌気がさして立ち去ってしまう」。これがサラディンのやり方なのだ。しかし彼こそスールにフランク軍を送り込んだ人物に他ならない。彼はアッカー、アスカラーン、エルサレムなどから人員と資金を供給した。彼らに安全保証（アマーン）を与え、スールに送り込んだのはサラディンなのだ。(24)

降伏した敵に安全保証をあたえて命を助けたのはサラディンの過失だったのだろうか。しかし降伏した敵に条件つきで安全保証をあたえることは、イスラーム社会ではムハンマド以来の古い慣行であった。サラディンが身代金の支払いを条件に捕虜を釈放したのは、実はこの慣行に従ったまでであって、通説でいわれるような寛大で慈悲ぶかい性格のゆえではなかったとみるべきであろう。

しかもこの年の三月にジハードが発せられてからすでに九ヵ月がたち、騎士ばかりでなく、下僕や馬にも休息（ラーハ）が必要であった。

季節も冷たい雨が降る冬を迎えていた。アミールたちのなかには、スールに留まって包囲を継続すべきだと主張する者もいたが、大方は戦利品を持って国へ帰り、しばらく休息をとったうえで、春になってから、ふたたび集結しようという意見であった。

イマード・アッディーンの『征服の書』によれば、サラディンは「忍耐こそ勝利への道である」と述べて説得に努めたが、彼らの意見を変えることはできなかったという。これが事実とすれば、サラディンはなお戦闘の継続に意欲的であったことになり、イブン・アルアスイールのサラディン批判はいささか公平さを欠いていたことになる。

いずれにせよ、一一八八年一月一日、結局、サラディンは包囲を解いてアッカーへ向かい、エジプト、シリア、ジャズィーラから出陣した軍にたいしては、それぞれの国へ帰り、冬の間は各自のイクターで十分な休息をとることを許可した。

しかし、こうして得られた「つかの間の休息は、後になって騎士たちに多くの苦労をもたらす」ことになるのである。

カリフからの手紙

エルサレムの解放によってサラディンはイスラーム世界の英雄となったが、バグダードのカリフ・ナースィル（在位一一八〇—一二二五）は必ずしもこの結果を喜んではいなかった。カリフはこの英雄がやがてバグダードをも飲み込んでしまうかもしれないと恐れたのである。

前年、スールを包囲中のサラディンのもとへカリフから一通の手紙が届けられた。使節の名はタージ・アッディーン・アルイスファハーニー、サラディンの秘書を務めるイマード・アッディーン・アルイスファハーニーの兄弟である。

サラディンはこの使節を丁重に迎え、陣地を案内した後でカリフの手紙を受取り、イマード・アッディーンに読み上げさせた。

しかし、その内容はサラディンを驚愕させるに十分なものであった。そこには激しい非難と冷たい敵意を込めた言葉が綴《つづ》られていたからである。

「なぜアッバース朝カリフの公式名であるナースィルの名を勝手に使ったのか」。「エルサレムはカリフの軍旗の下で解放されたのではなかったのか」。これを聞いてサラディンは思わず、つぎのような言葉を発したという。

なるほどイマーム（カリフ）はこのような非難の言葉を命じられたのか。もっと細《こま》やかな表現の仕方もあったろうに。カリフに仕える私の仕事を無にするような仕打ちを神が許し給わんことを。私への敵意についていえば、賢者の知恵がなければ、私のことを理解し得ないのだ。(25)

さらにサラディンは言葉を継いで、これまでに成しとげた数々の征服、エジプトやイエメンにおけるアッバース朝カリフの名による説教の実現、さらにはエルサレムの征服などを数え上げた。

サラディンは心を抑えて使節を送り出したが、後で真相を知った近親者やアミールたちは、スルタンはもっと腹をたてるべきであると非難した。しかしサラディンは怒りを飲み込み、穏便に事を収めたのだという。

アッバース朝カリフをいただいてイスラーム世界を統一し、諸勢力を結集して十字軍に対処しようとするのがサラディンの基本戦略であった。

それがほぼ達成されたかにみえた時に、このようなカリフの手紙を受け取ったことは、サラディンには大きな衝撃であったに違いない。

このころからサラディンの指導力にやや陰りが見えはじめ、スールの包囲攻撃にも粘り強さを欠いたのは、カリフとの関係悪化にともなう「心の空洞」が重要な一因となっていたように思われる。

マンスールの活躍——ジャバラとラタキアを手に入れる

しかし十字軍勢力が残っているかぎり、戦争は続けなければならない。ふたたび春がめぐってきたとき、サラディンは手勢をひきいて行動を開始した。アッカーを出発し、一度ダマスクスへ立ち寄ってから北方のヒムスをめざした。

十字軍が拠る騎士の城（クラク・デ・シュバリエ、アラブ名はヒスン・アルアクラード「クルド人の砦」）の近くに布陣したとき、サラディンの下へ思いがけない人物が訪ねてきた。アンティオキアの領主ボヘモンドからジャバラ地方の統治を任されていたムスリムの裁判官（カーディー）、マンスール・ブン・ナビールである。

マンスールは「ジャバラのムスリムには、すでに町を明け渡す心づもりができております」と述べて、サラディンに町の解放を促した。これに応えてサラディンがジャバラへ軍を進めると、先に町へ戻ったマンスールは、住民たちにムスリム軍の到着を知らせ、城壁に旗を掲げて引き渡しの意を公に表明した。十字軍騎士はローマ劇場を改造した小さな砦にたてこもったが、一一八八年七月、マンスールの説得に応じて砦を明け渡し、無血のうちにジャバラの解放が実現した。

シリアの海岸都市ジャバラの港

続いてサラディンは約三十キロメートル北方のラタキアに向かい、ただちにこの港町を包囲したが、市街地を撤収して二つの城塞にたてこもった十字軍との間に激しい戦いが行われた。しかし形勢が不利となった十字軍側は、ふたたびジャバラの裁判官マンスールに仲介を求めた。

マンスールは、食料、武器、家畜などの引き渡しを条件に、十字軍の騎士、女性、子供の生命を保証することで合意をとりつけ、七月末に町の解放が完了すると、二つの城塞にはサラディンの黄色い旗が掲げられた。(26) シリア北方の重要な港町を手中にしたサラディンは、部下のアミールへ向けて「船の停泊地としてこれほどの港は他

サフユーンの城塞。現在は「サラディンの砦」の名で知られる

にはない」と書き送った。

厭戦気分が生まれはじめた

ラタキアを落としたサラディンは、東のアンサーリーヤ山中にある十字軍の城塞をめざした。この城塞の名はサフユーン（サオーネ）、現代は「サラディンの砦」として知られる。サフユーンは「天にそびえる城塞で、登るに難く、山の端にあって深い谷に囲まれた」堅固な砦であった。

今でも深い山奥のなかにあり、赤茶けた石の城塞が周囲の山の緑と調和して、みごとな景観をつくりだしている。サラディンはこの山中にも投石機を運びあげ、その攻撃によってたちまち十字軍騎士の戦意を喪失させた。サフユーンの降伏の条件はエルサレムの場合と同じであったと伝えられる。

この後、サラディンはなおシリア北部を転戦してまわり、一一八九年一月にはティベリアス湖南方のカウカブを陥れた。また前年の十二月には、兄弟のアーディルによって包囲されていたカラクがようやく陥落したとの報がもたらされた。

こうしてサラディンの掃討《そうとう》作戦は順調に運んでいるかに思われたが、このころになると前途に不安な要素も見えはじめていた。一つは相次ぐ戦争によってエジプト・シリアの富は枯渇《こかつ》し、戦費を調達することがしだいに困難となっていたことである。とくにエジプトの民は徴税の重圧に苦しみ、反乱さえ起きかねない状況であった。

また、コンスタンティノープルからは、エルサレムを奪われたヨーロッパのキリスト教徒が、連合して反撃の十字軍を準備しているとの知らせが届けられた。ムスリム騎士の間に厭戦気分が生まれはじめたなかで、晩年のサラディンは厳しい戦いを強いられることになるのである。

ギー王、アッカーに出撃す

前述のように、スールにはムスリム軍に降伏した各地の都市から十字軍騎士とその家族が続々と逃れてきた。そのなかには二度とムスリム軍とは戦わないと誓ったうえで釈放された、エルサレム王国の首班ギー・ド・リュジニャンも含まれていた。味方の騎士の増大で十字軍の士気はおおいに高揚したが、多くの人口を収容するには市街地は手狭すぎた。一一八九年八月、ギー王はピサの艦隊を護衛につけ、四百の騎士と七千の歩兵をひきいてムスリム軍が拠る約五十キロメートル南のアッカー（アッコン）へと出撃した。

いっぽう、町の防備にあたる総指揮官は、エジプト行政に実績をあげたトルコ人宦官のカラークーシュであった。サラディンは十字軍によるアッカーへの攻撃に備えて、早くからカラークーシュに防備を固め、武器や糧食を十分に蓄えることを命じていた。

十字軍出撃の報を受けたサラディンは、スール東方のシャキーフ・アルヌーン（ベルフォール）から軍を発し、十字軍がアッカーへ到着するまでに追いつき、これを殲滅する作戦をたてた。しかし悪路の近道を嫌うアミールたちの意見に従ったために後れをとり、アッカーへ到着したときには、すでに十字軍は町を包囲する態勢を固めていた。やむなくサラディンは、ギー王の十字軍を外側から逆包囲する形で布陣することになったのである。

アッカーは地中海に突き出た岬町であり、海側から陸側まで周囲のぐるりが城壁によって囲まれていた。広いところで東西は約五百メートル、南北は約六百メートルであった。西側海岸の城壁は今でもそのまま残されているが、高さはおよそ十メートル、地中海の荒波にも耐えてきた堅固なつくりの城壁である。

アッカーの城塞からジャッザール・モスクを望む

守りの要となる城塞は北側城壁のすぐ内側にあり、修復された望楼に上ってみれば、突端の港まで町の全体を一望の下に収めることができよう。かつて「ムスリムとキリスト教徒の商人の出会いの場所」（イブン・ジュバイル）であったアッカーの町なみは、現在でもなお十分に美しいたたずまいを残している。

戦略上きわめて重要なこの城塞都市を包囲した十字軍は、自らも深い塹壕を掘ってたてこもり、サラディン軍との本格的な戦闘を忌避する作戦をとった。人員の増強と物資の補給は海から行われ、十字軍騎士たちの間に士気の衰えはなかった。

膠着状態が続く

いっぽう、サラディンの側では、アレッポ、ヒムス、スール、アレクサンドリアなどで防備や警戒にあたる軍隊をよびよせるわけにはゆかず、守りを固めた敵を一気にたたくには明らかに戦力不足であったといえよう。しかも広い戦場での騎馬戦を得意とするムスリム軍は、塹壕にたてこもる敵との戦いは苦手であった。

小ぜりあいは続いたものの、双方に決め手はなく、戦線は何ヵ月にもわたって膠着状態が続いた。よほど戦いに飽きたのであろうか、戦闘の合間には、つぎのような気ばらしの催し物さえ行われたという。

ある日、戦いにうんざりした双方の騎士は、「大人たちは戦ったが、子供は未だ何もしていない。ひとつ少年同士の試合をやろうではないか」ともちかけた。二人ずつの少年が選ばれ、試合が始まった。ムスリムの少年の一人が不信仰者の少年に飛びかかり、地面に投げつけて絞めあげた。ここでフランクの騎士が割って入り、二ディーナールでこの「捕虜」を買うことにした。二枚の金貨を受け取ると、少年は相手を解放した。(27)

さて、一一八九年の冬を迎えて雨もようの日が多くなり、サラディンはまた持病の発熱と疼痛《とうつう》に襲われた。これを機にサラディンはしばらくの間前線を離れ、またアレッポやモスルからきた東方のムスリム軍も彼らの望みにしたがって帰国させることにした。その直後の十一月末になって、エジプトからアーディル配下の増援部隊が到着し、ルウルウ提督にひきいられた五十隻のエジプト艦隊もアッカー沖に姿を現わした。

翌年三月、病から回復したサラディンは、シリア各地のムスリム軍を糾合してアッカーの戦線に復帰し、エジプト艦隊を動員するとともに、市内のムスリム軍と呼応して十字軍を激しく攻撃した。何日も激戦が続き、双方ともに多くの死者を出したが、サラディンはどうしてもギー王の堅陣を破ることができなかった。

思惑が交錯する——第三回十字軍

これより先、聖地エルサレムがサラディンによって奪われたとの知らせがヨーロッパに伝えられると、ドイツ、フランス、イギリスなどでは、諸侯の間にふたたび聖地奪回のための十字軍を興そうとする気運がたかまった。しかし、各国の内部事情は複雑であり、準備の足なみは容易にそろわなかった。

しかも、一一八九年五月、最初に出発したドイツのフリードリヒ一世（赤髯《あかひげ》王）は、陸路によってエルサレムへ向かう途中の翌年六月、小アジアのサレフ川で不慮の溺死をとげた。水浴をしていて強い流れに足をとられたとも、馬がつまずいて水中に投げ出され、鎧の重みで沈んだともいわれる。

主人を失った十字軍は何とかアンティオキアまでたどり着いたが、そこで軍団は自然のうちに消滅した。これによって、アッカーを包囲中のサラディンの不安はひとまず解消されたことになる。(28)

しかし、フランスのフィリップ二世（尊厳王）とイギリスのリチャード一世（獅子心王）は、国内問題を片付けると、遠征での成果は両者の間で二分するという約束をかわし、相次いでパレスティナをめざした。フィリップ二世は一一九一年四月二十日にアッカーへ到着し、リチャード一世は、途中でキプロス島を征服した後に、同年六月六日アッカー北方のスールに上陸した。

数日後、アッカーに勢ぞろいした十字軍は、海陸から町を攻撃し、これを阻止しようとするサラディン軍とも激しく戦った。戦闘が長引くにつれて防備につくムスリム軍は疲弊し、七月十一日、ついに市中の軍は降伏した。

ところがアッカーの明け渡しが行われてからも、サラディンはキリスト教徒捕虜の釈放やヒッティーンの戦いで奪った「真の十字架」の返還など、降伏にともなって定められた条件をなかなか履行《りこう》しなかった。これに業を煮やしたリチャードは、およそ三千のムスリム捕虜を斬首の刑に処したが、一説によれば、これは今後の作戦に後顧の憂いを残さないための計画的な処刑であったという。

いずれにせよ、アッカーのムスリム軍の救出に失敗したことにより、ムスリムの武将たちは自信を喪失し、サラディンの指導力にも疑問を抱きはじめた。ただ、サラディンにとって幸いであったのは、十字軍があいかわらずの内紛を続けてくれたことである。

リチャードに対抗心を抱くフィリップはスールの領主コンラートと結び、リチャードは反対派のギー王と結んで互いに勢力争いを演じた。本来の目的であったはずのエルサレム進軍についても意見がわかれた。二十六歳の青年王フィリップは、戦闘意欲に満ちた十歳年上のリチャードと軍功を争う気力をなくし、一日も早くフランスへ帰国したいものと考えはじめた。

フィリップがコンラートに後事を託し、スールから帰国の途についたのは、一一九一年七月末のことであった。これから一年余りにわたって、サラディンとイギリス王リチャードとの間になかなか決着のつかない戦いが繰りひろげられることになる。

リチャード獅子心王との戦い

リチャードは尊大で、しかも短気な性格の人物であったが、反面、冷静なリアリストでもあり、当時の十字軍がおかれた状況を的確に把握していた。今やパレスティナの諸都市の大半はムスリム軍の支配下にあり、たとえエルサレムをもう一度奪回したとしても、十字軍の側にこれを支えるだけの軍事力はなく、海岸からの補給路を確保することすら難しい。むしろ将来に備えてヤーファーやアスカラーンなどの海港都市を確保するのが得策ではないのか。

リチャード獅子心王の騎馬像（ロンドン）

こう判断したリチャードは、八月末にアッカーを出て南に軍を進めた。サラディンも軍を起こしてこれを追尾し、騎馬隊による攻撃のチャンスをうかがった。しかしリチャードはけっして行軍の編制を崩さず、槍をもつ歩兵隊で脇を固めムスリム軍に攻撃のきっかけをあたえなかった。

ハイファーを通過し、カイサーリーヤ（カエサリア）を過ぎたあたりで、サラディンは斥候の報告によってアルスーフの北に森があることを知り、これを利用して奇襲をかけるべきだと判断した。九月六日、木陰から出撃したムスリム軍は十字軍の背後から襲いかかったが、あらかじめサラディンの意図を察知していたリチャードは隊列を整えて反撃し、敵の騎馬隊に大きな損害をあたえて撃退した。

ヤーファーに入ったリチャードのつぎの目的は、さらに南のアスカラーンに強固な拠点を築くことであった。アスカラーンこそサラディン支配下のシリアとエジプトの双方をにらむ戦略の要になると考えたのである。しかしサラディンもリチャードの戦略を読み取り、ただちにアスカラーンの城塞を徹底的に破壊することを命じた。「町の人々は住み慣れた故郷を後にしなければならないことを嘆き悲しみ、涙ながらに財産を売り払った」という。

十字軍諸侯の間では、いっこうに聖地奪回に向かおうとしないリチャードの行動に不満の声が上がりはじめた。一一九一年十月末、この声に押されて重い腰をあげたリチャードは、ヤーファーからエルサレムへと進軍を開始した。

サラディンはリチャードが進むにつれて本隊を引き、分遣隊を用いて敵の後方を攪乱《かくらん》する作戦にでた。これによってムスリム軍に補給路を絶たれる恐れが出てきたために、リチャードは軍をまとめて途中から引き返した。

十字軍の陣営はまたもや分裂し、エルサレム進軍を主張する部隊は、本隊から離脱してアッカーへと引き揚げてしまった。

リチャードは予定どおりアスカラーンへと向かい、城塞の再建に着手したが、今やサラディンとの本格的な交渉を考えるべき時がきたことを悟らざるをえなかったのである。

妹をムスリムの妻に？

現実的なリチャード一世はこれ以前からサラディンと接触し、交渉による休戦の可能性をさぐっていた。ヨルダン以西の全領域をフランク側が領有するという提案が退けられると、リチャードはさらに奇抜な提案を送ってよこした。『サラディン伝』の著者イブン・シャッダードは、つぎのように述べる。

一一九一年十月十三日、〔サラディンの兄弟〕アーディルが私たちに説明したところによれば、フランク側から「リチャードの妹ジョアンナがアーディルと結婚し、二人の王権はエルサレムにおかれる。リチャードはヤーファーからアスカラーンに至るまでの海岸地帯をジョアンナに提供する。そして『真の十字架』はフランク側に返還されるものとする」との提案がなされた(29)。

たしかにイスラームの法律上は、ジョアンナがキリスト教徒のままでもアーディルとの結婚は可能であった。イブン・シャッダード自身は、これは何かの罠《わな》であって、イギリス王がこのような提案を履行するはずはないと考えた。しかしこの提案がサラディンに伝えられると、スルタンはただちにこれに同意し、リチャードにもスルタンが同意した旨の回答が届けられた。

しかし妹のジョアンナはこれを聞くと激しく怒り、ムスリムとの結婚などできないと拒否したために、この条件での協定は結局不成立に終わった。ただ、これ以後も「交渉の窓口だけは開けたままにしておく」ことで双方の合意がなされたのである。

和平成立

リチャードは協定の締結に積極的であったが、サラディンも長引いた戦いを休止することに賛成であった。前述のように、重税によってエジプト・シリアの民は疲弊し、イラクやジャズィーラのアミールたちは、危険をおかしてまで敵に挑みかかろうとする熱意をなくしていたからである。

また、バグダードのカリフとの関係も依然として冷え切ったままであった。十一月二日に届いたカリフの手紙は、あいかわらずサラディンの命令や行動をとがめることに終始していた。このような状況のなかで、ムスリム軍をまとめて十字軍にふたたび総攻撃をかけることはとてもできない相談であったといえよう。

しかし交渉の妥結にはさらに時間が必要であった。十字軍側ではリチャードとギー王の対立が表面化し、一一九二年五月にはスールの領主コンラートがアサッシンの手にかかって殺される事件が発生した。さらにイギリス本土からは、病気にかかったリチャードに帰国を求める使節も送られてきた。だがリチャードは、なおパレスティナにとどまってサラディンとの交渉を続ける決意を固める。

ヤーファーからテルアヴィヴを望む

いっぽう、十字軍の内情を悟ったサラディンはヤーファーへの包囲攻撃を敢行し、リチャードが固執するアスカラーンについてはけっして譲るつもりのないことを通告した。結局、万策尽きたリチャードはアスカラーンの放棄に応じ、九月二日、両者の間に三年と八ヵ月を期限とする和平条約（スルフ）が締結されたのである。イブン・シャッダードは、「和平が成立すると、双方の騎士は計り知れないほどの喜びに包まれた」と記している。

勝者なき戦い

この条約によって、十字軍はスールからヤーファーに至るまでの海岸地帯を確保し、ムスリム側はエルサレムを含むシリア内陸部と南北の海岸地帯を領有することが定められた[30]。協定の内容は十字軍側にとっては必ずしも満足のいくものではなく、二十三年前、サラディンがエジプトで政権をとったころと比べれば、十字軍の支配領域は大幅に縮小していた。

しかし地中海岸にアッカーやスールなどの城塞都市を確保したことによって、十字軍国家はなお百年もの命脈を保つことになる。この意味では第三回十字軍は一定の成果をあげたといえるであろう。

では、サラディンにとってリチャード獅子心王との戦いはどのような意味をもったのだろうか。サラディンは一度奪回した聖地エルサレムをふたたび異教徒の手に奪われることだけは防ぐことができた。しかし長い戦争によって国土は荒れ、アミールたちはサラディンから離反する傾向さえ見せはじめていた。

第三回十字軍に限っていえば、このような犠牲を払った割には、具体的な戦果はあまりに乏しかったといえよう。むしろ苦しい状況のなかで、十字軍にたいするムスリム軍優位の態勢をよく守ったことをまず第一に評価すべきなのかもしれない。

どちらにも勝者のない戦いであった。協定成立の場に居あわせたイブン・シャッダードは、つぎのように述べる。「協定の締結後にスルタンの死が訪れた。もしその死が戦争の最中であったとしたら、イスラーム世界は危険な状態に陥っていたに違いない」。これがイスラームの陣営で活動していた当事者の偽らざる心境だったのであろう。

5　サラディンの死

メッカ巡礼を志す

和平協定が成立すると、サラディンはエルサレムへ戻り、学院（マドラサ）、神秘主義者の修道所（リバート）、病院（ビーマーリスターン）などの建設を行い、これらの施設の運営のために寄進財産（ワクフ）を設定した。戦争によって商売が滞《とどこお》っていたムスリム商人の一団は、さっそく新しい仕事を求めて十字軍支配下のヤーファーへと出かけていった。

いっぽう、キリスト教徒のなかには、エルサレムへの巡礼を希望する者が少なくなかった。サラディンは彼らにも門戸を開き、参詣を終えた異教徒には護衛をつけてヤーファーへと送り返した。リチャードはサラディンに使いを送り、十字軍当局の証明書を持たない信者には巡礼を認めないよう求めたが、スルタンは「聖地へのキリスト教徒の参詣を神は喜び給うであろう」と述べてこれを拒否したという。

一一九二年九月十日、ヒジュラ暦五八八年の断食月がはじまると、イルビル、モスル、スィンジャールなど東方諸国から参加していたムスリム軍は、スルタンの許可をえて次々と帰国の途についた。サラディンは聖地で断食月をすごし、また側近のイブン・シャッダードに促され、はじめてメッカへの巡礼を決意する。

十字軍との戦いが一段落した今は、長年の夢を果たすまたとないチャンスであった。残った軍隊にたいしても、メッカへ同行したいと思う者は名前を登録するようにとの指示を出した。三十一歳で王位についたサラディンもすでに五十四歳、当時としては老境ともいえる域に達していたといえよう。

またカリフからの手紙が……

しかし、この時またバグダードからカリフ・ナースィルの手紙が届けられた。手紙の意図はサラディンにたいしてカリフへの奉仕を願い出るように促すことにあった。いまだにサラディンの「成功」にこだわり続けるカリフの心情を考えると、今、「勝利者」としてメッカに華々しく巡礼することは、両者の関係をさらに悪化させることになるのではないか。問題の処理の仕方をめぐって、サラディンとアーディルとの間に長い協議が続けられた。

いっぽう、エジプトやシリアの行政を預かるカーディー・アルファーディルは、サラディンのメッカ巡礼に反対して、つぎのように述べた。

フランクはまだシリアから立ち去っておりませんし、エルサレムを忘れているわけでもありません。ましてや彼らが和平の条約を遵守するかどうかさえ確かではないと思われます。スルタンの留守をねらって、夜、突然にエルサレムを襲うことも十分に考えられます。それにダマスクス地方の村々では農民に対する不当な支配が横行し、ムクター（イクター保有者）による不正については言うべき言葉もありません。(31)

要するに、スルタンによるメッカ巡礼の条件はまだ十分に整っていないというのがアルファーディルの意見であった。

カリフとの関係、十字軍の動向、行政の立て直しなど懸案の諸問題を考えれば、数ヵ月にわたって留守をするゆとりはないと判断せざるをえなかったのであろう。

結局、サラディンはメッカ巡礼を断念する。「神の定め（カダル）はサラディンの意向とうまく合致しなかった」のである。

ダマスクス帰還

一一九二年十月九日には、好敵手のリチャード獅子心王もアッカーから出発し、海路帰国の途についた。これを見届けたサラディンは、エルサレムを出てダマスクスへ立ち寄り、もう一度エルサレムへ戻ってから、エジプト行政のためにカイロへ向かうつもりであった。この計画によれば、サラディンはこの時点でもまだ「エジプトのスルタン」であることを十分に自覚していたことになる。

十月十日、サラディンはエルサレムでの病院の建設や学院の経営を側近のイブン・シャッ

内戦前のベイルート

ダードに託してから聖地を後にした。ナーブルスから地中海岸のベイルートに至り、ここでアンティオキア公国の君主ボヘモンドを引見したサラディンは、かつての敵に年収一万五千ディーナールの土地を授与して人びとを驚かせた。「寛大なスルタン」の評判は、このような処遇の仕方からも広まっていったのであろう。

サラディンは、海岸地帯の都市や城塞をまわって騎士や兵士たちをねぎらった後、十一月四日にダマスクスへ入城した。およそ三年半ぶりのダマスクス帰還であった。長男のアフダルや、アレッポを治めるザーヒルなどの子どもたちが出迎え、町の男女も街路を美しく飾って、スルタンの帰還を祝福した。

イブン・シャッダードによれば、「昔からこの町を気に入っていたサラディンは、他のどの町よりもダマスクスに滞在することを好んだ」という。翌日には町の人々との交わりの席が設けられ、詩人たちは自作の詩を朗読してスルタンの功績をほめ賛えた。

ダマスクスでのサラディンは、時折、郊外まで出かけて冬の狩を楽しんだ。しかし公務の間には、ムスリム君主の習慣に従ってマザーリム（原義は政治における不正行為）法廷を開き、民の声に直接耳を傾けることも忘れなかった。サラディンに限らずムスリムの君主は、民衆の不満の声を聞き取り、これを裁決することによって政治の「公正さ」を示すことが求められたのである。

上着を着ずに

だが、このころになると、サラディンの体力と気力には明らかな衰えが目立ちはじめた。一一九三年二月十六日、イブン・シャッダードがエルサレムから到着すると、サラディンは目に涙を浮かべてこの側近を出迎えたという。体の動きもにぶく、まるで「体に物が一杯に詰まっている」かのように見えた。

それでもサラディンは、ダマスクスに戻ってくるメッカ巡礼団をみずから郊外まで迎えに出ようと提案した。巡礼（ハッジ）の苦行を終えて帰国する信者たちを暖かく迎えることは、どの町でもヒジュラ暦新年の重要な行事であった。

サラディンは出迎えの道にたまった水を取り除くように命じた。この冬は例年になく雨が多く、道路には水が川のようにあふれていたのである。まだ寒さが残る二月二十日の金曜日、スルタンはいつもの習慣とは違って厚手の上着をはおらずに出発した。

スルタンと巡礼者たちとの再会は感動的であったが、群衆のなかに遅れてやってきたイブン・シャッダードの姿を見つけたサラディンは、はじめて気がついたような顔つきで彼に厚手の上着はないかとたずねた。しかしイブン・シャッダードの手元に上着はなく、彼は「これが大事に至らなければよいが」と不安な思いにとらわれたのであった。

スルタン没す

果たして、翌日の夜から黄熱病の症状が現われた。サラディンは、枕元に控えるイブン・シャッダード、カーディー・アルファーディル、それに息子のアフダルに向かってしきりと不眠を訴えた。明け方になると、いったん落ち着きを取り戻したが、日が経つにつれて病状は悪化していった。

医師たちは刺絡《しらく》して血を抜いてみたが効き目はなく、高熱のためにさらに衰弱が進んだ。しかし十日目に浣腸を施すとふたたび持ちなおし、大麦湯を飲めるまでになったが、翌日になると容体はさらに悪化し、枕元でシャイフ・アブー・ジャーファルによる『コーラン』の読唱が行われた。

「アッラーの他に神はなく、アッラーをこそ私は信頼いたします」(九章百二十九節)という章句まで進んだとき、サラディンはかすかに微笑み、そのまま息を引き取ったという。ヒジュラ暦五八九年サファル月二十七日(一一九三年三月四日水曜日)、夜明けの礼拝時刻を過ぎたころのことであった。享年およそ五十五歳(32)。

サラディンの死の知らせが伝わると、ダマスクスの町全体が深い悲しみに包まれた。長子

サラディンの墓廟（左）とドーム内に納められたサラディンの墓（右）。遺体は地下に埋められている

のアフダルは城塞の広間に座ってアミールや貴顕の人々の弔問を受け、他の子どもたちはゆかりの人びとを訪ねて助力を訴えた。
遺体は湯灌《ゆかん》の後に棺に納められ、その日のうちに城壁内にある果樹園の一角に葬られた。ウマイヤ・モスクの北側に当たり、現在は小さな墓廟が建っているところである。

後継の政治体制——支配地域を分割

これより前、アフダルは父の病に回復の見込みがないことを知ると、裁判官（カーディー）を集めて誓約書を作成させ、有力アミールたち一人ひとりに誓約を求めた。
その内容は、
私は、マリク・アッナースィル（サラディン）の存命中はかれに忠誠を誓います。私は、自らの命と財産と剣と従者とをもってその王朝（ダウラ）のために努力を惜しまないでありましょう。また彼の亡き後は、息子のマリク・アルアフダル・アリーに対してきっと忠誠を誓います(33)。

というものであった。この要求に応えて、シャイザルの城主をはじめとするトルコ人やクルド人の有力アミールのほとんどが、何ら条件をつけることなくアフダルにたいする忠誠の誓をすませた。誰の目にも、サラディンの亡き後は長子のアフダルがスルタンの位を継ぐものと思われたのである。

しかし、サラディンが没すると、スルタン位の継承問題は棚上げにしたまま、各自の支配領域が次のように定められた（都市名は、都市とその周辺農村を含む地域を表わす）。

アフダル（サラディンの長子）——ダマスクス、海岸地帯、エルサレム、バールベック
アズィーズ（サラディンの息子）——エジプト
ザーヒル（サラディンの息子）——アレッポ
マンスール（サラディンの甥の子）——ハマー
シールクーフ（サラディンの叔父の孫）——ヒムス
アーディル（サラディンの弟）——カラク、シャウバク、ディヤール・バクル(34)

アイユーブ朝国家の領土は、このようにアイユーブ一族によって分割され、それぞれの領域では、各君主が従来どおり配下の騎士にイクターを授与する体制がとられたのである。

この分割の結果をみれば、たしかにアフダルがもっとも重要な地域を押さえたかのように思われる。しかしアフダルの拠るダマスクスは、カイロに代わって新しいアイユーブ朝の首都となりうるのだろうか。また、アフダルはアイユーブ一族をうまく統率して、独立国家を維持することができるのだろうか。

しかも外に目を向ければ、サラディンの死を契機に、海岸地帯に残る十字軍がどのような行動を起こすかも予測できなかった。不安定な要因をいくつも抱えながら、アイユーブ朝の新しい時代がはじまろうとしていたのである。

エピローグ——サラディン以後

その権力はけっして絶対的なものではなかった

サラディンは死後に継承されるべき政治体制を確立することなく病没した。みずからはスルタンを名のらなかったことからも明らかなように、国家の首長の地位そのものがあいまいであった。ここに至るまでのアイユーブ朝は、サラディンの個人的な権威や人望によって、かろうじて一つにまとまっていたにすぎない。そのため、人びとがサラディンを「スルタン(王)」とよんだとしても、その権力はけっして絶対的なものではなかった。

この時代には、アイユーブ一族やアミールたちが好みのイクターをサラディンに要求し、その保有をめぐってスルタンとの間にしばしば紛争が発生した。これは、何事につけても強制を嫌うサラディンの性格もさることながら、基本的にはこのような「体制の未熟さ」に起因していたといえよう。

サラディンがめざしたのは、アッバース朝カリフを主権者にいただいて各地のムスリム諸侯を糾合し、十字軍に対抗しうるだけのイスラーム勢力を整えることにあった。アイユーブ朝の創立(一一六九年)からモスルの併合(一一八六年)まで、粘り強い作戦行動によって、イスラーム世界の統一という目標は何とか達成することができた。これが念願のエルサレム奪回を可能にしたことは疑いのないところであろう。

しかし皮肉なことに、エルサレムの解放以後、バグダードのカリフ・ナースィルはサラディンの成功と名声のたかまりに不安やねたみを感じるようになり、両者の関係は急速に冷えはじめた。十字軍にたいする勝利とは裏腹に、サラディンは政治的な挫折の危機に直面していたのである。

「未完の時代」に生きた君主

エルサレムの奪回に続いてサラディンは地中海岸の諸都市を次々と解放したが、スールの攻略に失敗し、また第三回十字軍が到来したために、アッカーのムスリム軍を救うこともできなかった。では、都市の攻略にあたって敵の捕虜を釈放し、また冬が来れば戦闘を中断することによって、海岸の重要都市を十字軍側に残す結果となったのは、サラディンによる戦略の誤りだったのだろうか。

私は必ずしもそうとは思わない。前述のように、条件つきの捕虜の釈放はイスラーム社会の長い伝統であったし、冬になれば軍を解くことも当時としては、あたりまえの慣行だったからである。しかもムスリム騎士の間には、長い戦闘によって厭戦気分すら生じはじめていた。

政治の体制づくりについても、また十字軍との戦闘についても、サラディンの事業が「未完」に終わったのは、時代の影響としかいいようがないように思われる。この未完の点についていえば、サラディンによる首都カイロの建設事業も未完成のまま残された。十字軍の侵攻に備えて開始された市壁の建設は、サラディンによる督促にもかかわらず途中で中断されたままであった。完成には膨大な経費と人員が必要であり、主戦場がシリアに移ってからはその必要性も減少したのであろう。

また、市壁と同時に建設がはじまった山の城塞（カルア）の建設も未完成であった。市街地から離れたところに君主の居城を築くことは、十二世紀以降のイスラーム世界によく見られる都市の形態であった。サラディンはこの城塞に宮殿を建設し、同時に政務の諸機関をおく計画であったが、実際にスルタンがこの城塞に住み、政務をとるようになったのは、カーミル（在位一二一八—三八）の時代になってからのことである。サラディンは、さまざまな意味で「未完の時代」に生きた君主であったといえよう。

人間サラディン

それではサラディンとは、結局のところ、どのような人物だったのだろうか。サラディンが苦労の末にエルサレム解放を成しとげた英雄であることは疑いないが、ここではその性格や好みを分析し、人間としてのサラディン像をさぐってみることにしたい。

まず、つぎのような、いくつかのエピソードを紹介してみよう。

エピソード①

ある日、サラディンのもとに何人かが集まり、腰をおろしていた。一人のマムルーク（奴隷兵）が仲間にブーツを投げたところ、誤ってサラディンの近くまでころがってしまった。ブーツはすぐに他へ移されたが、サラディンは気づかぬふりをして一座の人びとと談笑していた。

エピソード②

サラディンは水を所望したが、誰も現われなかった。続いて五回も声をかけたが、まだ現われないので、サラディンは「おい、仲間よ、渇きで私を殺すつもりなのか。水を持ってきてくれ」と叫んだ。彼は水を飲んだが、その遅れをとがめることはなかった。

エピソード③

あるときサラディンは重い病に陥り、死の危険に直面した。病が癒《い》えて風呂（ハンマーム）に入ったところ、備えの湯が熱かったので、冷たい水を要求した。召使が水を持ってきたが、こぼしてしまったので、それでは足りず、また水を持ってくるように命じた。ところが今度は近くまで来て桶《おけ》を落としてしまい、全部の水がサラディンの体にかかってしまった。サラディンは死ぬかと思うほどの気持ちを味わったが、召使には「もし私を殺そうとするなら、あらかじめ知らせて欲しいものだ」と言っただけであった。

以上は、いずれもイブン・アルアスィールの『完史』に記された挿話である。(1) 権威をふりかざすことを嫌い、部下の失敗にもユーモアをもって対処する、サラディンの気がねのなさと寛大さとを示そうとした逸話であろう。話としてはいずれもたわいのない内容であるが、これらのエピソードには、当時の人びとが好ましいと考える主人や支配者の気質が巧みに描かれているといってもよい。

死後に残ったのは金貨一枚と銀貨四十七枚だけ

今度は、イブン・シャッダードの『サラディン伝』から、さらにいくつかのエピソードを引用してみよう。(2)

エピソード④

施しについて述べれば、サラディンはすべての財産を使い果たした。つまり彼は持つものをすべてあたえてから死んだので、死後に残ったのは金貨一枚と銀貨四十七枚だけであった。その他の家屋、不動産、果樹園、村落、農場などいっさいの私有財産（ミルク）を残さなかったのである。

エピソード⑤

「イスラームは五つの柱の上に築かれている。すなわち、アッラー以外に神はないという信仰告白（シャハーダ）、礼拝（サラート）、貧者への施し（ザカート）、断食（サウム）、そして神の家への巡礼（ハッジ）である」。サラディンはこの伝承に強く引かれ、自分の幼い子どもたちにも、これが心に刻み込まれるまで何度でも教えようとした。実際に私は、サラディンが子どもたちにこの伝承を目の前で暗唱させているのを見たことがある。

④のエピソードは、サラディンが「清貧のスルタン」であったことを示すためによく引き合いに出される話である。たしかにサラディンが、イスラームの教えに忠実であり、貧者への施し（ザカート）を惜しまない無欲の君主であったことは事実であろう。質素な食事を好み、亜麻、木綿、羊毛以外の衣服は用いなかったといわれる。

しかし、いっぽうでは、サラディンは生前から子どもたちに各地方の統治権を分けあたえていたから、あらためて男子の遺族に莫大な財産を分与する必要はなかったことも考慮しておかなければならない。

理想的なムスリム君主か

また、サラディンの一族思いは当時の人びとのよく知るところであった。一一九一年に甥のタキー・アッディーン・ウマルが東方遠征の途中で病没すると、サラディンは可愛がっていた甥の死をひどく悲しみ、人前で号泣したと伝えられる。

ただ出身部族への対応についてみれば、サラディンはクルド人ではあったが、アラブ人やトルコ人をさしおいてクルド人を特別に優遇することはなかった。軍隊内部に「出自」にもとづく差別や対立がほとんどなかったことはサラディン時代の特徴といってもいいであろう。

先に紹介した④と⑤のエピソードは、いずれもサラディンが敬虔なムスリムの君主であったことを物語っている。たしかにサラディンは、『コーラン』を読唱する席に連なるのを好み、預言者ムハンマドの言行を伝える伝承（ハディース）にもよく耳を傾けた。さらにアラブの『武勲詩』（ハマーサ）は、その全編をすべて暗記していたといわれる。では、これらのエピソードに伝えられるように、本当にサラディンは理想的なムスリム君主だったのだろうか。

サラディンの死後、アラブの伝記作家たちによって、かなりの程度その理想化がはかられたことは確かであろう。しかしサラディンがイスラームの教えにもとる行動をしたという記録がない以上、これらの伝承の真偽を実証的に検討することは難しい。

ただ、前述のように、サラディンはエジプトで政権の座に就いたのを機に、飲酒を断ち、遊びを控えたといわれる。これが事実であるとすれば、サラディンは生来の敬虔なムスリムであるというより、ムスリムの君主として信徒たちの範たるべく努力を重ねたと考えるのが妥当ではないだろうか。

兄弟の相剋

サラディンが没すると、長子のアフダルはダマスクスで政権の座に就いた。しかしアフダルに忠誠を誓ったのはシリアのアミールたちだけであって、エジプトや北イラクのアミールたちはその場に不在であった。アフダルはバグダードに使いを送り、政権の正当性についてカリフの保証を求めたが、バグダードからは何の回答も送られてこなかった。

忠誠を誓ったアミールたちも、アフダルの頼りない性格に見切りをつけ、次々とカイロのアズィーズ（アフダルの弟）のもとに走った。アズィーズ側についた有力者のなかには、長年にわたってサラディンの補佐役をつとめたカーディー・アルファーディルも含まれていた。アフダルはきわめて危うい立場に立たされていたといえよう。

一一九四年春になると、カイロのアズィーズは、アフダルにたいして説教（フトバ）と貨幣に名前を入れる権利（スルタン権力の象徴）を譲り渡すよう要求した。これを拒否したアフダルはダマスクスから軍を出動させたが、兄弟の軍隊が衝突する直前に妥協が成立し、それぞれが従来どおりの地方を領有することでひとまず決着した。しかしこのことは、カイロ、ダマスクス、アレッポ、モスルなどの君主がスルタンとして各地に独立し、アイユーブ朝の統一は事実上失われたことを意味していた。

ただしこれ以後も、アーディル（在位一二〇〇―一八）、カーミル（在位一二一八―三八）、サーリフ（在位一二四〇―四九）など有力なスルタンの時代には、王朝の領域を統一的に支配する体制が復活した。しかし、これらのスルタンはいずれもカイロに居を定め、肥沃なエジプトの支配を基礎にアイユーブ朝の統一を実現したのである。(3)

フリードリヒ二世

サラディンの死後、事態の推移を静観していた十字軍は、一一九五年末、サラディンとの条約の期限が切れるのを待って、エルサレム奪回の準備を再開した。一一九七年にベイルートを陥れた十字軍は、続いて海岸地帯の主要部分を回復し、さらに内陸部へと侵攻する態勢を整えた。しかし、このときシチリア王国のハインリヒ六世（在位一一九四―九七）が病没したために、十字軍とムスリム軍との間に五年を期限とする和約が成立した。

だが、十字軍はその後もエルサレム奪回の機会を執拗にうかがい、一二一九年にはエジプトへと矛先をむけ地中海岸の港町ダミエッタを占領した。スルタン・カーミルはまもなくこの占領軍を撃退したが、一二二八年にはドイツとシチリアの王を兼務するフリードリヒ二世（赤髯王の孫、在位一二一五―五〇）が大軍をひきいてアッカーに上陸する。

当時のシチリアはイスラーム文化の色濃い地中海の島であった。宮廷では数多くのアラブ人が官吏として用いられ、ここでの学術活動を通じてイスラーム文化がヨーロッパに流入した。[4] 青年時代をシチリア島で過ごしたフリードリヒは、アラビア語を完全に理解し、イスラームの宗教や哲学にも造詣が深かった。

放棄された聖地

ダマスクス政権と対立していたスルタン・カーミルは、フリードリヒと書簡を取りかわし、みずからの地位が安定するのなら、エルサレムを譲り渡してもよいと提案した。こうして一二二九年二月十八日、カーミルとフリードリヒとの間に協定が成立し、十字軍側はエルサレム、ベツレヘム、ナザレなどの諸都市を領有し、ムスリム側は岩のドームとアクサー・モスクがある聖域での行動の自由を確保することが定められた。

協定の内容は、キリスト教徒とムスリムの双方を驚嘆させるに十分であった。とくにムスリムにたいする衝撃は大きかった。サラディンが苦労の末に奪回したエルサレムを、どうしてただ同然に譲り渡してしまったのか。

『時代の鏡』の著者スィブト・イブン・アルジャウズィー（一二五六年没）は、ダマスクスのウマイヤ・モスクで説教を行い、聖地がふたたび異教徒の手に渡ったことの理不尽さを嘆き、詰めかけた信者たちの涙を誘った。しかしムスリムにとって幸いだったのは、フリードリヒにエルサレムの防備を強化しようとする意図がなかったことである。その結果、この聖都は、十年後の一二三九年十二月、カラクの城主ダーウードの反撃によっていとも簡単にムスリム側に奪回された。しかしアイユーブ朝内部の政治情勢についてみれば、スルタン・サーリフ（在位一二四〇―四九）の時代になると、エジプトではトルコ人の新マムルーク軍団（バフリー・マムルーク軍）が編制され、次代を担う新しい勢力としてしだいに台頭しはじめる。

マムルーク朝の成立・モンゴルの侵攻

一二五〇年二月、下エジプトのマンスーラでルイ九世の十字軍を打ち破ったマムルーク軍は、同年五月、アイユーブ朝最後のスルタン、トゥーラーンシャー（在位一二四九―五〇）を殺害してマムルーク朝（一二五〇―一五一七）を樹立した。初代のスルタンに推戴されたのは、奴隷出身の女性、シャジャル・アッドゥッルであった。

しかし、これとほぼ時を同じくして西アジアに進出したフラグ配下のモンゴル軍は、一二五八年、バグダードを攻略してアッバース朝を滅ぼし、さらに西進してアレッポ、ダマスクスを落とすとエジプトへ向けて侵攻する勢いを示した。

（左）　騎士の城（クラク・デ・シュバリエ）
（右）　シリア海岸のトリポリ市街

無敵のモンゴル軍を前にして、成立して間もないマムルーク朝は存亡の危機に立たされた。マムルーク出身の将軍バイバルスは、一二六〇年九月、パレスティナの小村アイン・ジャールートでモンゴル軍を迎え撃ち、これにはじめて壊滅的な打撃をあたえた。文永の役（一二七四年）より十四年前のことである。

この勝利を機にスルタン位を手中にしたバイバルス（在位一二六〇―七七）は、シリアを併合すると、地中海岸の十字軍勢力にたいしても矢つぎ早の攻撃をしかけ、カイサーリーヤ、ハイファー、サファド、ヤーファー、アンティオキアなどの諸都市を次々と奪回した。

一二七一年には、サラディンがどうしても落とすことのできなかった騎士の城（クラク・デ・シュバリエ）もバイバルスの手中に帰した。一二七七年にバイバルスが死んだ時、十字軍に残された

のはトリポリとアッカーの二都市だけとなっていた。(5)

バイバルスと同僚のマムルークであったカラーウーン（在位一二七九―九〇）は、即位後、マルカブ城を攻略したのに続いて、一二八九年四月、トリポリを武力で征服すると、十字軍騎士を殺害し、女子どもを捕虜としたうえで、町を徹底的に破壊した。十字軍に二度と利用させないための施策であった。

十字軍の最後

十字軍の最後の砦、アッカーの奪取を決意したカラーウーンはムスリム軍にジハードへの結集をよびかけたが、カイロを出発する直前に病没した。しかしこの作戦は新スルタンとなった息子のハリール（在位一二九〇―九三）によってそのまま続行された。一二九一年六月十七日、ムスリム軍がアッカーの市内に突入すると、エルサレム王国のアンリ二世（在位一二八六―九一）は、生き残りのわずかな部下をひきいてキプロス島へと落ちのびていった。

こうして十字軍はシリアから一掃された。第一回の十字軍から数えておよそ二百年後のことであった。サラディンには未完に終わった占領地解放の事業はここにようやく成就したが、双方の側に果たしてどれだけ意味のある戦いだったのだろうか。

十字軍の騎士たちは、戦いを通じてイスラーム文明の成果をなにがしか吸収することができた。しかしムスリム側に学ぶべきことはほとんどなく、多くの人命の損失と都市や農村の荒廃が残されただけであった。

キリスト教とイスラームについても、相互の理解が深まったとは思われない。この間にサラディンのような傑出した人物は生まれたが、キリスト教徒にたいする敵意だけが残ったとすれば、ムスリムにとっては、やはり無益な戦いであったというべきではないだろうか。

註

プロローグ

（1）『ロランの歌』（有永弘人訳、岩波文庫、一九六五年）。ダンテ『神曲』全三巻（山川丙三郎訳、岩波文庫、一九五二―五八年）。

S. Lane-Poole, *Saladin and the Fall of the Kingdom of Jerusalem*, London, 1898, pp. 377f.

（2）Lane-Poole, *op. cit.*

（3）A. S. Ehrenkreutz, *Saladin*, New York, 1972.

（4）H. A. R. Gibb, *The Life of Saladin*, Oxford, 1973.

以上のほかに、サラディンについては次のような研究がある。

J. Hartmann, *Persönlichkeit des Sultans Saladin im Urteil der abendländischen Quellen*, Berlin, 1933; G. Hindley, *Saladin*, London, 1976. M. C. Lyons and D. E. P. Jackson, *Saladin: The Politics of the Holy War*, Cambridge, 1982; G. Chauvel, *Saladin: rassembleur de l'Islam*, Paris, 1992; A. Sayyd al-Ahl, *Ayyām Ṣalāḥ al-Dīn*, Cairo, 1964; W. A. Nūrī, *Siyāsat Ṣalāḥ al-Dīn al-Ayyūbī*, Baghdad, 1976; N. T. Sulaymān, *Manhaj Ṣalāḥ al-Dīn al-Ayyūbī*, Cairo, 1991.

日本語では、黒田寿郎「サラーフッ＝ディーン」（『オリエント史講座』４、学生社、一九八二年）一八一―一九五ページがほとんど唯一の研究である。

（5）'Imād al-Dīn al-Iṣfahānī, *al-Barq al-Shāmī*, Oxford, Bodleian Library, MS. Bruce 11, Marsh 425.

なお、サラディンの生涯にかんするアラビア語史料については、H. A. R. Gibb, "The Arabic Sources for the Life of Saladin," *Speculum*, 25 (1960), pp. 58-72 を参照。

（6）'Imād al-Dīn al-Iṣfahānī, *al-Fatḥ al-Qussī fī al-Fatḥ al-Qudsī*, n.p., 1965.

この書には H. Massé による仏訳 *Conquête de la Syrie et de la Palestine par Saladin*,

Paris, 1972がある。

(7) Bahā' al-Dīn Ibn Shaddād, *al-Nawādir al-Sulṭāniya wal-Maḥāsin al-Yūsufīya*, Cairo, 1964.

この書には、W. C. Wilsonによる英訳*The Life of Salah ud Din Ayyubi*,1897;repr. Lahore,1984がある。

(8) Ibn al-Athīr, *al-Kāmil fī al-Ta'rīkh*, 12 vols., Leiden, 1853; repr. Beirut, 1965-66.

なおイブン・アルアスィールには、モスルのアターベク朝の歴史を記したユニークな史書 *al-Ta'rīkh al-Bāhir fī al-Dawlat al-Atābakīya*, Cairo, 1963がある。

(9) Gibb, "The Arabic Sources," pp. 61-70.

(10) Abū Shāma, *Kitāb al-Rawḍatayn*, 2 vols., Cairo, 1956-62; Ibn Jubayr, *Riḥlat Ibn Jubayr*, Beirut, 1964; イブン・ジュバイル『旅行記』(藤本勝次・池田修監訳、関西大学出版部、一九九二年)。Usāma b. Munqidh, *Kitāb al-I'tibār*, Princeton, 1930; ウサーマ・ブヌ・ムンキズ『回想録』(藤本勝次・池田修・梅田輝世訳注、関西大学出版部、一九八七年)。

そのほかサラディンとアイユーブ朝関係の史料については、『アジア歴史研究入門』4〔V・アラブ後期〕(同朋舎出版、一九八四年)を参照。

第一章

(1) V. Minorsky, "Prehistory of Saladin," in *Studies in Caucasian History*, London, 1953.

なお、ワーリー(*wālī*)は、地方都市とその周辺地域の統治を任された総督あるいは代官を意味し、ブワイフ朝(九三二―一〇六二)の頃から地方統治に重要な役割を果たすようになった。イラク、シリア、エジプトのワーリーについては、佐藤次高『中世イスラム国家とアラブ社会――イクター制の研究』(山川出版社、一九八六年)を参照。

(2) スライマーンは、母方の叔父の出身地からサラディンの母をアラブ系と推測しているが、誤りであろう(N.T.Sulaymān, *Manhaj Ṣalāḥ al-Dīn al-Ayyūbī*, Cairo, 1991, p.37)。

(3) Yāqūt, *Mu'jam al-Buldān*, II, 38.

(4) イブン・ジュバイル『旅行記』二二五ページ。

(5) *The Encyclopaedia of Islam*, new ed., s.v. KURDS, KURDISTĀN; Minorsky, "Prehistory of Saladin," pp.107-157; 日本イスラム協会監修『イスラム事典』(平凡社、一九八二年)、「クルド」の項目。

(6) 佐藤次高『マムルーク——異教の世界からきたイスラムの支配者たち』(東京大学出版会、一九九一年)一五—二三ページ。

(7) 佐藤『中世イスラム国家とアラブ社会』二三—五三ページ。

(8) 十字軍については、主として以下の文献を参照。

K. M. Setton ed., *A History of the Crusades*, 6 vols., Madison, 1969-89; S. Runciman, *A History of the Crusades*, 3 vols., Cambridge, 1951-54; P. M. Holt, *The Age of the Crusades: The Near East from the Eleventh Century to 1517*, London and New York, 1986.

橋口倫介『十字軍——その非神話化』(岩波新書、一九七四年)、同『十字軍騎士団』(講談社学術文庫、一九九四年)、ルネ・グルッセ『十字軍』(白水社、一九五四年)、アミン・マアルーフ『アラブが見た十字軍』(牟田口義郎・新川雅子訳、リブロポート、一九八六年)、ジョルジュ・タート『十字軍』(池上俊一監修、創元社、一九九三年)。

(9) Ibn al-Athīr, *al-Kāmil fī al-Ta'rīkh*, X, 284. アミン・マアルーフ『アラブが見た十字軍』三—九ページ。

マアルーフの書はアラブの視点から見た十字軍史としてユニークであるが、史料の間を歴史小説風に補った部分も少なくない。

(10) イブン・ジュバイル『旅行記』二五五ページ。

(11) al-Idrīsī, *Kitāb Nuzha al-Mushtāq*, IV, 366.

(12) ヌール・アッディーンの生涯については、以下の文献を参照。

N. Elisséeff, *Nūr ad-Nīn: Un grand prince musulman de Syrie au temps des Croisades*. 3 vols., Damas, 1967; H. A. R. Gibb, "The Career of Nūr ad-Dīn," K. M. Setton ed., *A History of the Crusades*, vol.1, Madison, 1969, pp. 513-527.

(13) Abū Shāma, *Kitāb al-Rawḍatayn*, I-2, 210.

(14) Abū Shāma, *Kitāb al-Rawḍatayn*, I-2, 252.
エーレンクロイツはこの記事をもとに、サラディンはヌール・アッディーンの「副官」(aide-de-camp) に任じられたとしている (Ehrenkreutz, *Saladin*, p. 32)。

(15) ウサーマの経歴については、邦訳の『回想録』にある解説を参照 (三一八ページ)。

(16) Lane-Poole, *Saladin*, pp. 72-76; Ehrenkreutz, *Saladin*, p.35.

(17) エーレンクロイツは、「アモーリーは休戦の間に自らのキャンプで数日を過ごすようサラディンを招待した。サラディンはこの招きを受け、一人で敵のキリスト教徒や騎士と会見した」と述べる (Ehrenkreutz, *Saladin*, p. 43)。

(18) Abū Shāma, *Kitāb al-Rawḍatayn*, I-2, 432.

(19) フスタートの発掘調査はエジプトやヨーロッパ諸国の調査隊によって行われたが、日本の早稲田隊とこれを引き継いだ中近東文化センターの調査隊も、一九七八年から一九八五年までフスタート遺跡の発掘調査を実施した。その成果は、『エジプト・イスラーム都市アル=フスタート遺跡——発掘調査一九七八〜一九八五年』(早稲田大学出版部、一九九二年)として出版されている。

第二章

(1) サラディンの宰相就任については、以下の文献を参照。
Lane-Poole, *Saladin*, pp. 98-99; Gibb, *The Life of Saladin*, p.6; Lyons and Jackson, *Saladin*, pp. 28-29. アミン・マアルーフ『アラブが見た十字軍』二五八ページ。

(2) Abū Shāma, *Kitāb al-Rawḍatayn*, I-2, 440.

(3) イブン・ジュバイル『旅行記』一一ページ。

(4) H. A. R. Gibb, "The Armies of Saladin," in *Studies on the Civilization of Islam*, London, 1962, p.74-75.
なお、エーレンクロイツはサラーヒーヤ軍の数を少なくとも三千五百騎と見積もっているが、明確な根拠は示されていない (Ehrenkreutz, *Saladin*, p.72)。また、サラーヒーヤ軍の数を一万二千騎と伝える史料もあるが、誇張があるように思われる。サラディンによるイクター制の導入について、詳しくは佐藤『中世イスラム国家とアラブ社会』九三―九六ページを参照。

（5）佐藤『マムルーク』七六―八二ページ。

（6）Ibn al-Athīr, *al-Kāmil fī al-Ta'rīkh*, XI, 345-346.

（7）Abū Shāma, *Kitāb al-Rawḍatayn*, I-2, 492.

イブン・アルアスィールによれば、サラディンはスンナ派のフトバを復活すれば、それを機にヌール・アッディーンがエジプト併合をはかるのではないかと恐れていたが、ヌール・アッディーンの圧力に押されて実施に踏み切ったという（*al-Kāmil fī al-Ta'rīkh*, XI, 368-369）。

（8）Ibn al-Athīr, *al-Kāmil fī al-Ta'rīkh*, XI, 372-373.

（9）Gibb, *The Life of Saladin*, pp. 6-7.

なお、カーディー・アルファーディルの生涯については、以下の文献を参照。Ehrenkreutz, *Saladin*, p. 88; *The Encyclopaedia of Islam*, new ed., s.v. AL-ḲĀḌĪ AL-FĀḌIL.

（10）Lyons and Jackson, *Saladin*, pp. 304-305.

（11）Ibn Khallikān, *Wafayāt al-A'yān*, VI, 81-97; *The Encyclopaedia of Islam*, new ed., s.v. IBN SHADDĀD; Lewis, B. and P. M. Holt eds., *Historians of the Middle East*, London, 1962, pp. 87-88.

（12）Ibn Wāṣil, *Mufarrij al-Kurūb*, I, 242.

アイユーブ朝のイエメン征服とその支配については、M. A. Aḥmad, *al-Ayyūbīyūn fī al-Yaman*, Alexandria, 1980. がもっとも詳しい。

（13）Ehrenkreutz, *Saladin*, pp. 112-115.

（14）G. R. Smith, *The Ayyūbids and Early Rasūlids in the Yemen (567-694/1173-1295)*, vol.2, London, 1978, pp. 32-35.

（15）Ibn al-Athīr, *al-Kāmil fī al-Ta'rīkh*, XI, 417.

（16）イブン・ジュバイル『旅行記』二四五―二四七ページ（途中を省略し、一部の字句を訂正）。

（17）Lane-Poole, *Saladin*, pp. 149-150.

アミン・マアルーフ『アラブが見た十字軍』には、実際にあった話として書かれている（二七八ページ）。なお、シリアのイスマーイール派の活動については、次の文献を参照。F. Daftary, *The Ismā'īlīs: Their History and Doctorines*, Cambridge, 1990, pp. 377f.; P. M. Holt, *The Age of the Crusades*, London and New York, 1986, p.39.

(18) *'Imād al-Dīn, al-Barq al-Shāmī*, III, fol.112r. 佐藤『中世イスラム国家とアラブ社会』一一一ページ。

(19) サラディンの妻とその子どもたちについては、以下の文献を参照。

Ibn Wāṣil, *Mufarrij al-Kurūb*, II, 423-426; Abū Shāma, *Kitāb al-Rawḍatayn*, I-2, 709-711; Lyons and Jackson, *Saladin*, 144; Ehrenkreutz, *Saladin*, 153.

(20) Ibn Wāṣil, *Mufarrij al-Kurūb*, II, 52.

(21) N. D. MacKenzie, *Ayyubid Cairo: A Topographical Study*, Cairo, 1992, pp. 60-61.

なおエーレンクロイツは、マクリズィーの記述にもとづいて、サラディンは一一七一年にもカイロの市壁の建設を指示したと述べているが (*Saladin*, p.156)、マッケンジーも指摘するように、これは明らかにマクリズィーの誤解である。

(22) al-Bundārī, *Sanā al-Barq al-Shāmī*, 116.

ほかに宮殿図書の売却を五六七／一一七一年とする史料もあるが（たとえば Ibn al-Athīr, *al-Kāmil fī al-Ta'rīkh*, XI, 370)、ここではブンダーリーが引用するイマード・アッディーンの談話に拠ることとする。

(23) この風刺書の内容については、佐藤『マムルーク』九六―一〇〇ページを参照。

(24) H. Rabie, *The Financial System of Egypt A.H.564-741/A. D. 1169-1341*, London, 1972, p. 51.

(25) 佐藤『中世イスラム国家とアラブ社会』一一四―一一七ページ。

第三章

(1) 佐藤『中世イスラム国家とアラブ社会』二八五ページ以下を参照。また、加藤博『文明としてのイスラム』（東京大学出版会、一九九五年）三一―三八ページにも、エジプトにおける灌漑農業についての概要が示されている。

(2) Ibn Khallikān, *Wafayāt al-Aʻyān*, I, 189-192; *The Encyclopaedia of Islam*, new ed., s.v. IBN MAMMĀTĪ; 佐藤『マムルーク』九六―九七ページ。

(3) E. Ashtor, "The Kārimī Merchants," *JRAS*, 1956, pp. 45-56; id., *A Social and Economic History of the Near East in the Middle Ages*, Berkeley and Los Angeles, 1976, pp. 241-242, 300-301; *The Encyclopaedia of Islam*, new ed., s.v. KĀRIMĪ; Ehrenkreutz, *Saladin*, pp. 179-180; 家島彦一「ナイル河渓谷と紅海を結ぶ国際貿易ルート――とくに Qūṣ ～ ʻAydhāb ルートをめぐって」(『イスラム世界』25・26、一九八六年) 一―二五ページ。

(4) Nāṣir Khusraw, *Safar Nāma*, 61, 70.

(5) イブン・ジュバイル『旅行記』二二ページ。

(6) William of Tyre, *Historia Rerum*, 1043; Lyons and Jackson, *Saladin*, p. 122.

(7) ʻImād al-Dīn, *al-Barq al-Shāmī*, III, fol.46b; Gibb, *The Life of Saladin*, p. 22.

(8) レーンプールは、「サラディンはずっと以前から聖戦の決意を固めていた」と述べ (*Saladin*, p. 198)、反対にエーレンクロイツは「サラディンについては、華やかな人生のどの段階においても、その真の意図を確かめるのは難しい」と主張する (*Saladin*, p.197)。私は、エジプトの内政を固め、シリアへの進出を開始した一一七七年ころには、サラディンはすでにエルサレム攻略を視野に入れていたと思う。

(9) サラディンによる戦艦の建造問題については、以下の文献を参照。

al-Maqrīzī, *al-Khiṭaṭ*, II, 194; id., *Kitāb al-Sulūk*, I, 73; Ehrenkreutz, *Saladin*, pp. 156, 167. id., "The Place of Saladin in the Naval History of the Mediterranean Sea in the Middle Ages," *Journal of the American Oriental Society*, 75 (1955), pp. 100-116.

なお、リヨンとジャクソンは、戦艦建造費用の捻出のためにアラブ遊牧民の収入が削減され、そのためにアラブ遊牧民は反政府の行動に走ったとしているが (*Saladin*, p.156)、これは順序が逆である。

(10) Gibb, "The Armies of Saladin," p.87.
(11) Ibn Wāṣil, *Mufarrij al-Kurūb*, II, 117.
(12) M. W. Baldwin, "The Decline and Fall of Jerusalem, 1174-1189," M. W. Baldwin ed., *A History of the Crusades*, vol.1, Madison, 1969, pp.590-604.
(13) Ehrenkreutz, *Saladin*, pp.188-193.
(14) ibid. p.187.
(15) Gibb, "The Armies of Saladin," pp. 74-90.
　サラディンの軍隊構成については、A. S. al-Ahl, *Ayyām Salāḥ al-Dīn*, Cairo, 1964, pp. 153-156; 佐藤『中世イスラム国家とアラブ社会』九六—一一〇ページも参照。
(16) ウサーマ『回想録』一三〇—一三一ページ。
(17) 中世ヨーロッパの騎士については、ファン・ウィンター『騎士——その理想と現実』（佐藤牧夫・渡部治雄訳、東京書籍、一九八二年）を参照。
(18) Lane-Poole, *Saladin*, p. 186.
　イブン・ジュバイルは、「ダマスクスの西側郊外には、二つの馬場があり、スルターンは、サワールジャ（ポロの一種）をしに、あるいはまた、競馬をするためにこの両馬場に出かける」（『旅行記』二八五ページ）と記している。
(19) Ibn al-Athīr, *al-Kāmil fī al-Ta'rīkh*, XI, 532-533. アミン・マアルーフ『アラブが見た十字軍』二八八ページ。なお、ヒッティーンの戦いの詳細については、B. Z. Kedar ed., *The Horns of Ḥaṭṭīn*, Jerusalem, 1992 を参照。
(20) Ibn Shaddād, *al-Nawādir al-Sulṭāniya*, 78.
(21) Ibn al-Athīr, *al-Kāmil fī al-Ta'rīkh*, XI, 551.
(22) *Riḥlat Banyāmīn*, 98-99.
(23) Ibn al-Athīr, *al-Kāmil fī al-Ta'rīkh*, XI, 552.
(24) Ibn al-Athīr, *al-Kāmil fī al-Ta'rīkh*, XI, 555.
　アミン・マアルーフ『アラブが見た十字軍』三〇六—三〇七ページには、この史料をかなり潤色した記述がある。また、イブン・アルアスィールの記述が公平さを欠くことについては、Gibb, *The Life of Saladin*, p. 55 を参照。
(25) Ibn Wāṣil, *Mufarrij al-Kurūb*, II, 249; Ehrenkreutz, *Saladin*, p.209.
(26) 佐藤次高「十一—十二世紀シリア地方社会の裁

判官」(『オリエント』34—2、一九九一年)一一一六ページ。

(27) Ibn Shaddād, *al-Nawādir al-Sulṭānīya*, 108-109. アミン・マアルーフ『アラブが見た十字軍』三一二—三一三ページ。

(28) 第三回十字軍については、以下の文献を参照。
S. Painter, "The Third Crusade: Richard the Lionhearted and Philip Augustus," K. M. Setton ed., *A History of the Crusades*, vol.2, Madison, 1969, pp.45-86.

(29) Ibn Shaddād, *al-Nawādir al-Sulṭānīya*, 195; Painter, "The Third Crusade," p. 77.

(30) 一一九二年の和平条約については、以下の文献を参照。
Ibn Shaddād, *al-Nawādir al-Sulṭānīya*, 234-235; Ibn al-Athīr, *al-Kāmil fī al-Ta'rīkh*, XII, 85-87; Painter, "The Third Crusade," pp. 83-85; Lyons and Jackson, *Saladin*, pp. 359-360; Gibb, *The Life of Saladin*, pp. 75-76.

(31) Abū Shāma, *Kitāb al-Rawḍatayn*, Beirut ed., II, 205; Ehrenkreutz, *Saladin*, p.226.

(32) Ibn Shaddād, *al-Nawādir al-Sulṭānīya*, 243-244; Ibn al-Athīr, *al-Kāmil fī al-Ta'rīkh*, XII, 95-97; Ibn Wāṣil, *Mufarrij al-Kurūb*, II, 416-420.
なお、ユダヤ教徒の医師イブン・マイムーン(マイモニデス)がサラディンの侍医を務めたとする説もあるが、これは伝説であって、彼が仕えたのはサラディンの息子アフダルである(*The Encyclopaedia of Islam*, s.v. IBN MAYMŪN)。

(33) Ibn Shaddād, *al-Nawādir al-Sulṭānīya*, 244-245.

(34) R. S. Humphreys, *From Saladin to the Mongols*, Albany, N.Y., 1977, pp.75-85.

エピローグ

(1) Ibn al-Athīr, *al-Kāmil fī al-Ta'rīkh*, XII, 96.

(2) Ibn Shaddād, *al-Nawādir al-Sulṭānīya*, 7-8.

(3) Humphreys, *From Saladin*, pp. 87f.; Holt, *The Age of the Crusades*, pp. 60-81.

(4) 高山博『神秘の中世王国——ヨーロッパ、ビザンツ、イスラム文化の十字路』(東京大学出版会、一九九五年）。

（5）マムルークの歴史については、佐藤『マムルーク』を参照。

史料と参考文献

主要史料

- ‘Abd al-Laṭīf al-Baghdādī (d.1231), *Mukhtaṣar Akhbār Miṣr*, Arabic Text and English tr. by K. H. Zand and I. E. Videan, *The Eastern Key*, London, 1965.
- Abū al-Fidā’ (d.1331), *Taqwīm al-Buldān*, Paris, 1840.
- Abū Shāma (d.1268), *Kitāb al-Rawḍatayn fī Akhbār al-Dawlatayn*, 2 vols., Cairo, 1956-62.
- Banyāmīn al-Tuṭīlī (Benjamin of Tudela) (d.1173), *Riḥlat Banyāmīn (561-569/1165-1173)*, Arabic tr. from the Hebrew text, Baghdad, 1945.
- Bar Hebraeus (d. 1286), *Chronography*, 2 vols., London, 1932.
- al-Bundārī (d.13 c.),*Sanā al-Barq al-Shāmī*, Cairo,1979.
- Ibn al-‘Adīm (d.1262),*Bughyat al-Ṭalab fī Ta’rīkh Ḥalab*, 11 vols., Damascus, 1988.
  ——*Zubdat al-Ḥalab min Ta‘rīkh Ḥalab*, 3 vols., Damascus, 1951-68.
- Ibn al-‘Amīd (d.1273), *Akhbār al-Ayyubīyīn*, *BEO*, 15 (1958), pp. 127-184.
- Ibn al-Athīr (d.1233), *al-Kāmil fī al-Ta’rīkh*, 12 vols., Leiden, 1853; repr. Beirut, 1965-66.
  ——*al-Ta’rīkh al-Bāhir fī al-Dawlat al-Atābakīya*, Cairo, 1963.
- Ibn Aybak al-Dawādārī (d.14 c.), *Kanz al-Durar wa-Jām‘ al-Ghurar*, vol.7, Cairo, 1972.
- Ibn Baṭṭūṭa (d.1368/9 or 1377), *Tuḥfat al-Nuẓẓār fī Gharā’ib al-Amṣār*, Arabic Text and French tr. by C. Defremery and B. R. Sanguinetti, *Voyages d’Ibn Battûta*, 4 vols., Paris, 1854; repr. Paris, 1969; English tr. by H. A. R. Gibb, *The Travels of Ibn Baṭṭūṭa*, 3 vols., Cambridge, 1956-71.
- Ibn al-Jawzī (d.1201), *Faḍā’il al-Quds*, Beirut, 1979.

——*al-Muntaẓam fī Ta'rīkh al-Mulūk wal-Umam*, vols.5-10, Hyderabad, 1357-58 H.

・Ibn Jubayr (d.1217), *Riḥlat Ibn Jubayr*, Beirut, 1964; イブン・ジュバイル『旅行記』(藤本勝次・池田修監訳、関西大学出版部、一九九二年)。

・Ibn Khallikān (d.1282), *Wafayāt al-A'yān*, 6 vols., Cairo, 1948.

・Ibn Mammātī (d.1209), *Kitāb Qawānīn al-Dawāwīn*, Cairo, 1943.

——*al-Fāshūsh fī Ḥukm al-Qarāqūsh*, Cairo, n.d.

・Ibn al-Qalānisī (d.1160), *Dhayl Ta'rīkh Dimashq*, Leiden, 1908; English tr. by H. A. R. Gibb, *The Damascus Chronicle of the Crusades*, London, 1967.

・Ibn Shaddād Bahā' al-Dīn (d.1235), *al-Nawādir al-Sulṭānīya wal-Maḥāsin al-Yūsufīya*, Cairo, 1964; English tr. by W. C. Wilson, The *Life of Salah ud Din Ayyubi*, 1897; repr. Lahore, 1984.

・Ibn Shaddād 'Izz al-Dīn (d.1285), *al-A'lāq al-Khaṭīra fī Dhikr Umarā' al-Shām wal-Jazīra*, 3 vols., Damascus, 1953-63.

・Ibn Wāṣil (d.1298), *Mufarrij al-Kurūb fī Akhbār Banī Ayyūb*, vols.1-5, Cairo, 1953-77.

・al-Idrīsī (d.1165), *Kitāb Nuzhat al-Mushtāq fī Ikhtirāq al-Āfāq*, 9 vols., Napoli-Roma, 1970-84.

・'Imād al-Dīn al-Iṣfahānī (d.1201), *al-Barq al-Shāmī*, Oxford, Bodleian Library, MS. Bruce 11,Marsh 425.

——*al-Fatḥ al-Qussī fī al-Fatḥ al-Qudsī*, n. p., 1965; French tr. by H. Massé, *Conquête de la Syrie et de la Palestine par Saladin*, Paris, 1972.

・al-Maqrīzī (d.1442), *al-Khiṭaṭ*, 2 vols., Bulaq, 1270 H.; repr. Baghdad, 1970.

——*Kitāb al-Sulūk*, 4 vols., Cairo, 1939-73.

・Nāṣir Khusraw (d.1061), *Safar Nāma*, Berlin, 1340 H.

・Sibṭ Ibn al-Jawzī (d.1256), *Mir'āt al-Zamān*, vol. Ⅷ-1,2, Hyderabad, 1951-52.

・Usāma b. Munqidh (d.1188), *Kitāb al-I'tibār*, Princeton, 1930; ウサーマ・ブヌ・ムンキズ『回想録』(藤本勝次・池田修・梅田輝世訳注、関西大

学出版部、一九八七年)。
・William of Tyre (d.1186), *Historia Rerum, Recueil des Historiens Croisades, Historiens Occidentaux*, vol.I-1.2, Paris, 1894.
・Yāqūt al-Ḥamawī (d.1229), *Mu'jam al-Buldān*, 5 vols., Beirut, 1955-57.
・Anon., Une chronicle syrienne du VIᵉ/XIIᵉ siècle: Le *"Bustān al-Jāmi',"* *BEO*,7-8 (1937-38), 113-158.

参考文献

・Ahl, A. S. al- *Ayyām Ṣalāḥ al-Dīn*, Cairo, 1964.
・Aḥmad, M. A. *al-Ayyūbīyūn fī al-Yaman*, Cairo, 1980.
・Amīn, H. A. *al-Ḥurūb al-Ṣalībīya fī Kitābāt al-Mu'arrikhīn al-'Arab al-Mu'āṣrīn lahā*, Cairo, 1983.
・'Ārif, A.al-*al-Mufaṣṣal fī Ta'rīkh al-Quds*, Jerusalem, 1986.
・'Asalī, B. al- *al-Ayyām al-Ḥāsima fī al-Ḥurūb al-Ṣalībīya*, Beirut, 1983.
・Asali, K. J. ed., *Jerusalem in History*, New York, 1990.
・Ashtor, E. *Histoire des prix et des salaires dans l'Orient médiéval*, Paris, 1969.
——*A Social and Economic History of the Middle East in the Middle Ages*, Berkeley and Los Angeles, 1976.
・'Āshūr, S. A. *al-Ḥaraka al-Ṣalībīya: Ṣafḥat Mashriqa min Ta'rīkh al-Jihād al-'Arabī fī al-'Uṣūr al-Wusṭā*, 2 vols, Cairo, 1982.
・Atiya, A. S. *The Crusade: Historiography and Bibliography*, Westport, 1962.
——*Crusade, Commerce and Culture*, Gloucester, Mass., 1969.
・Bacharach, J. L. "African Military Slaves in the Medieval Middle East: The Cases of Iraq (869-955) and Egypt (868-1171), "*IJMES*, 13 (1981), 471-495.
・Bosworth, C. E. *The Islamic Dynasties*, Islamic Surveys 5, Edinburg, 1967.
・Cahen, Cl. *La Syrie du Nord à l'époque des*

Croisades et la principauté franque d'Antioche, Paris, 1940.

——*Les peuples musulmans dans l'histoire médiéval*, Damascus, 1977.

——"L'évolution de l'iqṭā' du IXe au XIIIe siècle," *Annales: ESC*, 8 (1953), 25-52.

——"Al-Makhzūmī et Ibn Mammātī sur l' agriculture égyptienne médiévale,"*Annales Islamologiques*, 11 (1972), 141-151.

・*Colloque international sur l'histoire du Caire (27 Mars-5 Avril 1969)*, Cairo, 1969.

・Daniel, N. *The Arabs and Medieval Europe*, London and New York, 1975; repr. 1986.

・Eckardt, A. L. ed., *Jerusalem: City of the Ages*, New York, 1987.

・Ehrenkreutz, A. S. *Saladin*, Albany, N. Y., 1972.

——"The Place of Saladin in the Naval History of the Mediterranean Sea in the Middle Ages," *JAOS*, 75 (1955), 100-116.

——"The Crisis of DĪNĀR in the Egypt of Saladin," *JAOS*, 76 (1956), 178-184.

——"Saladin's *Coup d'état* in Egypt," S. A. Hanna ed., *Medieval and Middle Eastern Studies in Honor of Aziz Suryal Atiya*, Leiden, 1972, pp. 144-157.

・Elisséeff, N. *Nūr ad-Dīn: Ungrand princemusulman de Syrie au temps des Croisades*, 3 vols., Damascus, 1967.

・*The Encyclopaedia of Islam*, 1st ed., Leiden, 1913-36; new ed., Leiden, 1960-.

・Fischel, W. J. "Über die Gruppe der Kārimī-Kaufleute," *Analecta Orientalia*, 14 (1937), 67-82.

・Gabrieli, F. ed., *Arab Historians of the Crusades*, London, 1957.

・Ghawānma,Y. H. D. *Imārat al-Karak al-Ayyūbīya*, Amman, 1980.

・Gibb, H. A. R. *Studies on the Civilization of Islam*, London, 1962.

—— *The Life of Saladin*, Oxford, 1973.

・Gil, M. *A History of Palestine 634-1099*, Cambridge, 1992.

- Goitein, S. D. *A Mediterranean Society*, 6 vols., Berkeley and Los Angeles, 1967-93.
- Hartmann, J. *Die Persönlichkeit des Sultans Saladin*, Berlin, 1933.
- Hindley, G. *Saladin: A Biography*, London, 1976.
- Ḥiyārī, M. al- *Ṣalāḥ al-Dīn: al-Qā'id wa-'Aṣruh*, Beirut, 1994.
- Holt, P. M. *The Age of the Crusades: The Near East from the Eleventh Century to 1517*, London and New York, 1986.

——ed., *The Eastern Mediterranean Lands in the Period of the Crusades*, Warminster, 1977.

——"Saladin and his Admirers: A Biographical Reassessment," *BSOAS*, 46 (1983), 235-239.
- Humphreys, R. S. *From Saladin to the Mongols*, Albany, N. Y., 1977.

——*Islamic History: A Framework for Inquiry*, revised ed., London and New York, 1995.

——"The Emergence of the Mamluk Army," *Studia Islamica*, 45 (1977), 67-99; 46 (1977), 147-182.
- Kedar, B. Z. ed., *The Horns of Ḥaṭṭīn*, Jerusalem, 1992.
- Lane-Poole, S. *Saladin and the Fall of the Kingdom of Jerusalem*, London, 1898; repr. Beirut, 1964.

——*A History of Egypt in the Middle Ages*, London, 1901; repr. London, 1968.
- Lapidus, I. M. "Ayyūbid Religious Policy and the Development of the Schools of Law in Cairo," *Colloque international sur l'histoire du Caire*, Cairo, 1969, pp. 279-286.
- Le Strange, G. *Palestine under the Moslems*, London, 1890; repr. Beirut, 1965.
- Lyons, M. C. and D. E. P. Jackson, *Saladin: The Politics of the Holy War*, Cambridge, 1982.
- MacKenzie, N. D. *Ayyubid Cairo: A Topographical Study*, Cairo, 1992.
- Minorsky, V. *Studies in Caucasian History*, London, 1953.
- Morray, D. *An Ayyubid Notable and His World:*

Ibn al-'Adīm and Aleppo as Portrayed in his Biographical Dictionary of People Associated with the City, Leiden, 1994.

・Möring, H. *Saladin und der Dritte Kreuzzug*, Wiesbaden, 1980.

・Nūrī, D. A. *Siyāsat Ṣalāḥ al-Dīn al-Ayyūbī fī Bilād Miṣr wal-Shām wal-Jazīra*, Baghdad, 1976.

・Parry, V. J. and M. E. Yapp eds., *War, Technology and Society in the Middle East*, London, 1975.

・Patton, D. *Badr al-Dīn Lu'lu': Atabeg of Mosul, 1211-1259*, Seattle, 1991.

・Peters, F. E. *Jerusalem and Mecca: The Typology of the Holy City in the Near East*, New York and London, 1986.

・Powell, J. M. ed., *Muslims under Latin Rule*, Princeton, 1990.

・Rabie, H. *The Financial System of Egypt A. H. 564-741/A. D. 1169-1341*, London, 1972.

・Raymond, A. *Le Caire*, Fayard, 1993.

・Riley-Smith, J. *The Feudal Nobility and the Kingdom of Jerusalem, 1174-1277*, London, 1973.

——*The Crusades: A Short History*, New Haven and London, 1987.

・Rosebault, C. J. *Saladin: Prince of Chivalry*, London, 1930.

・Runciman, S. *A History of the Crusades*, 3 vols., Cambridge, 1951-54.

・Salām, M. Z. *Ṣalāḥ al-Dīn al-Ayyūbī*, Alexandria, 1959.

・Şeşen, R. *Salâhaddîn Devrinde Eyyûbîler Devleti* (*Hicrî569-589/Milâdî1174-1193*), Istanbul, 1983.

・Setton, K. M. ed., *A History of the Crusades*, 6 vols., Madison, 1969-89.

・Shatzmiller, M. *Crusaders and Muslims in Twelfth-Century Syria*, Leiden, 1993.

・Smith, G. R. *The Ayyūbids and Early Rasūlids in the Yemen* (*567-694/1173-1295*), 2 vols., London, 1978.

・Sulaymān, N. T. *Ṣalāḥ al-Dīn al-Ayyūbī fī al-Ḥukm wal-Qiyāda*, Cairo, 1991.
・Takrītī, M. Y. A. al- *al-Ayyūbiyūn fī Shimāl al-Shām wal-Jazīra*, Beirut, 1981.
・Udovitch, A. L. ed., *The Islamic Middle East, 700-1900*, Princeton, 1981.
・Watson, A. M. *Agricultural Innovation in the Early Islamic World*, Cambridge, 1983.
・Zakī, A. *Qal'at Ṣalāḥ al-Dīn al-Ayyūbī*, Cairo, 1971.
・『アジア歴史研究入門』4・内陸アジア・西アジア（同朋舎出版、一九八四年）。
・板垣雄三・後藤明編『イスラームの都市性』（日本学術振興会、一九九三年）。
・井上浩一『ビザンツ帝国』（岩波書店、一九八二年）。
・ファン・ウィンター『騎士――その理想と現実』（佐藤牧夫・渡部治雄訳、東京書籍、一九八二年）。
・梅田輝世「ウサーマ・イブン・ムンキズの『回想録』とその時代」（『オリエント』17―1、一九七四年）五九―八〇ページ。
・『エジプト・イスラーム都市アル＝フスタート遺跡――発掘調査一九七八～一九八五年』（早稲田大学出版部、一九九二年）。
・加藤博『文明としてのイスラム』（東京大学出版会、一九九五年）。
・川床睦夫編『十字軍』（「中近東文化センター研究会報告9」、中近東文化センター、一九八八年）。
・ルネ・グルッセ『十字軍』（橋口倫介訳、文庫クセジュ、白水社、一九五四年）。
・黒田寿郎「サラーフッ＝ディーン」（『オリエント史講座』4、学生社、一九八二年）一八一―一九五ページ。
・サザーン『ヨーロッパとイスラム世界』（鈴木利章訳、岩波書店、一九八〇年）。
・佐藤次高『中世イスラム国家とアラブ社会――イクター制の研究』（山川出版社、一九八六年）。
――編『イスラム・社会のシステム』（「講座イスラム」3、筑摩書房、一九八六年）。

――『マムルーク――異教の世界からきたイスラムの支配者たち』（東京大学出版会、一九九一年）。

――「十一―十二世紀シリア地方社会の裁判官」

（『オリエント』34—2、一九九一年）一—一六ページ。
・佐藤次高・鈴木董編『都市の文明イスラーム』（「新書イスラームの世界史1」、講談社現代新書、一九九三年）。
・嶋田襄平『イスラムの国家と社会』（岩波書店、一九七七年）。
・高橋正男『イェルサレム』（「世界の都市の物語」14、文藝春秋、一九九六年）。
・高山博『神秘の中世王国——ヨーロッパ、ビザンツ、イスラム文化の十字路』（東京大学出版会、一九九五年）。
・立山良司『エルサレム』（新潮社、一九九三年）。
・ジョルジュ・タート『十字軍』（「知の再発見」双書30、池上俊一監修、創元社、一九九三年）。
・ダンテ『神曲』（山川丙三郎訳、岩波文庫、三巻、一九五二—五八年）。
・日本イスラム協会／嶋田襄平・板垣雄三・佐藤次高監修『イスラム事典』（平凡社、一九八二年）。
・橋口倫介『十字軍——その非神話化』（岩波新書、一九七四年）。
——『十字軍』（教育社歴史新書、一九八〇年）。
——『十字軍騎士団』（講談社学術文庫、一九九四年）。
——『中世のコンスタンティノープル』（講談社学術文庫、一九九五年）。
・羽田正『モスクが語るイスラム史』（中公新書、一九九四年）。
・羽田正・三浦徹編『イスラム都市研究』（東京大学出版会、一九九一年）。
・ダン・バハト『図説イエルサレムの歴史』（高橋正男訳、東京書籍、一九九三年）。
・ヒッティ『アラブの歴史』上・下（岩永博訳、講談社学術文庫、一九八二—八三年）。
・平山健太郎『エルサレムは誰のものか』（日本放送出版協会、一九九二年）。
・マルク・ブロック『封建社会』二巻（新村猛ほか訳、みすず書房、一九七三—七七年）。
・ペレティィエ『クルド民族』（前田耕一訳、亜紀書房、一九九一年）。
・アミン・マアルーフ『アラブが見た十字軍』（牟田口義郎・新川雅子訳、リブロポート、一九八六年)。
・前嶋信次『東西文化交流の諸相』(東西文化交流の諸相刊行会、一九七一年)。
・三浦徹・東長靖・黒木英充編『イスラーム研究ハンドブック』(栄光教育文化研究所、一九九五年)。
・牟田口義郎編『イスラムの戦争』(「世界の戦争」3、講談社、一九八五年)。
――『カイロ』(「世界の都市の物語」10、文藝春秋、一九九二年)。
・モリソン『十字軍の研究』(橋口倫介訳、文庫クセジュ、白水社、一九七一年)。
・家島彦一『イスラム世界の成立と国際商業』(岩波書店、一九九一年)。
――『海が創る文明――インド洋海域世界の歴史』(朝日新聞社、一九九三年)。

――「ナイル河渓谷と紅海を結ぶ国際貿易ルート――とくに Qūṣ～ʻAydhāb ルートをめぐって」(『イスラム世界』25・26、一九八六年)一―二五ページ。
・湯川武「六/十二世紀のシリアにおけるマドラサの発展」(『史学』50、一九八〇年)三四三―三六五ページ。
・ランシマン『十字軍の歴史』(和田廣訳、河出書房新社、一九八九年)。
・ルイス『暗殺教団――イスラームの過激派』(加藤和秀訳、新泉社、一九七三年)。
・『ロランの歌』(有永弘人訳、岩波文庫、一九六五年)。
・渡辺金一『コンスタンティノープル千年』(岩波新書、一九八五年)。
・ワット『地中海世界のイスラム』(三木亘訳、筑摩書房、一九八四年)。

あとがき

アイユーブ朝のサラディンとマムルーク朝のバイバルスは、イスラーム史を飾る二人の偉大な英雄とみなされている。しかし二人の性格は対照的に異なっていた。バイバルスが自由奔放で、果断に行動するスルタンであったのにたいして、サラディンは用意周到で、多分に賢者の風格を備えていた。明らかにサラディンは面白く書きにくい対象であるといえよう。サラディン関係の史料を読みはじめてもう十数年になるが、サラディンの生涯について一書をまとめてみようという気になかなかなれなかったのはそのためである。

しかし、講談社選書出版部の横山建城さんから是非にとすすめられ、関係の史料や研究をあらためて読みなおしながら筆をとってみると、いつのまにかサラディンの生き方に引き込まれてしまっていた。誕生のときの一家の危機や少年のサラディンをめぐる人間関係の機微、否応なく政治の世界とかかわったことによる人生の急転、あるいは聖地奪回のためにイスラーム世界を統一しようとする理想と野望など、サラディンの生涯そのものが刻々と変化してゆく歴史と深くかかわっていたのである。

アラブの歴史書は、抽象的な叙述ではなく、具体的な事実や個々の人間の行動に重きをおいて書かれている。したがってサラディンという一人の人物に焦点を定めてみると、その人間関係のなかに政治の世界が鮮やかに浮かび上がってくる。サラディンばかりでなく、彼とかかわった多様な人々の性格を生き生きと伝えるエピソードにも事かかない。出来ばえはともかくとして、本書の執筆を楽しくすすめることができたのは、アラブの史書のこのような性格のゆえであったろうと思う。

*

サラディンについては、これまでにも数多くの伝記が書かれてきた。本書で私が意図したのは、これらの研究成果を史料にもとづいて点検すると同時に、サラディンの生涯を政治の動きと関連させながら叙述することであった。こうすることによって、サラディンを過度に美化したり、不当におとしめたりすることを避けることができると考えたからである。また、これまでの私の研究を少しでも生かすために、サラディンの思想や行動の基礎になった社会と経済の変化にも言及することを心がけた。

それから本書執筆にあたって決心したのは、サラディンが活躍した場所をできるだけ自分の足で歩いてみようということであった。生誕地のタクリートや少年時代をすごしたバールベック、あるいは政権を握ったカイロ、十字軍との戦いの舞台となったシリアやレバノンの各地はすでに何度か訪れていた。

しかし肝心のエルサレムがまだ残っていた。エルサレム訪問が実現したのは、ヘブライ大学に旧知のアヤロン先生を訪ねた一九九五年四月のことである。この時エルサレムでイスラーム思想史を研究していた小林春夫さんは、エルサレムの案内ばかりでなく、ティベリアス湖、ヒッティーンの古戦場、アッカー、カイサーリーヤ、ヤーファーなどの探訪にもつきあってくださった。この親切に応えるためにも、本書にこれらの現場の体験が十分に生かされていれば幸いである。

＊

横山建城さんに執筆を約束したのは、三年以上も前のことであったと思う。私の気分が乗ってくるまで、サラディンのような忍耐強さでじっと待ち、執筆をはじめてからは、途中までの原稿を何度も読んで適切な助言をしていただいた。このような細やかな気配りにたいしても、この機会に厚くお礼を申しあげたい。

本書を昨年の暮に八十歳を迎えた母に捧げる。

一九九六年二月十二日

佐藤次高

アラル海
カスピ海
アルメニア
タブリーズ
ジャズィーラ
モスル
メルヴ
ニシャープール
セルジューク朝
タクリート
サーマッラー
イラン
バグダード
カルバラー
イスファハーン
イラク
アフワーズ
バスラ
シーラーズ
ペルシア湾
アラビア半島

11世紀後半のイスラーム世界

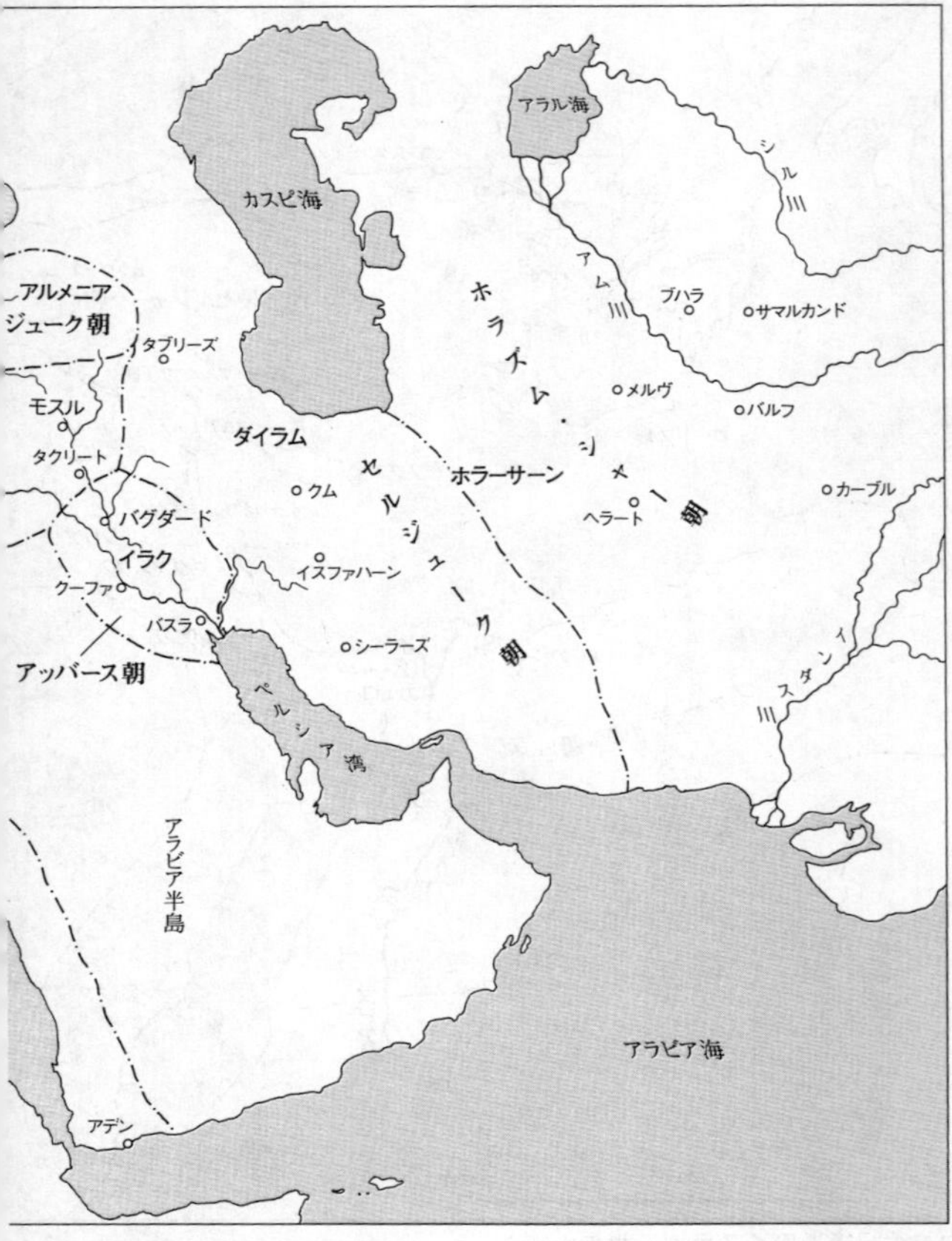
アラル海
カスピ海
シル川
アム川
アルメニア
セルジューク朝
タブリーズ
モスル
タクリート
ダイラム
バグダード
イラク
クーファ
バスラ
アッバース朝
クム
イスファハーン
シーラーズ
ホラズム・シャー朝
ホラーサーン
ブハラ
サマルカンド
メルヴ
バルフ
ヘラート
カーブル
インダス川
ペルシア湾
アラビア半島
アデン
アラビア海

サラディン時代のイスラーム世界

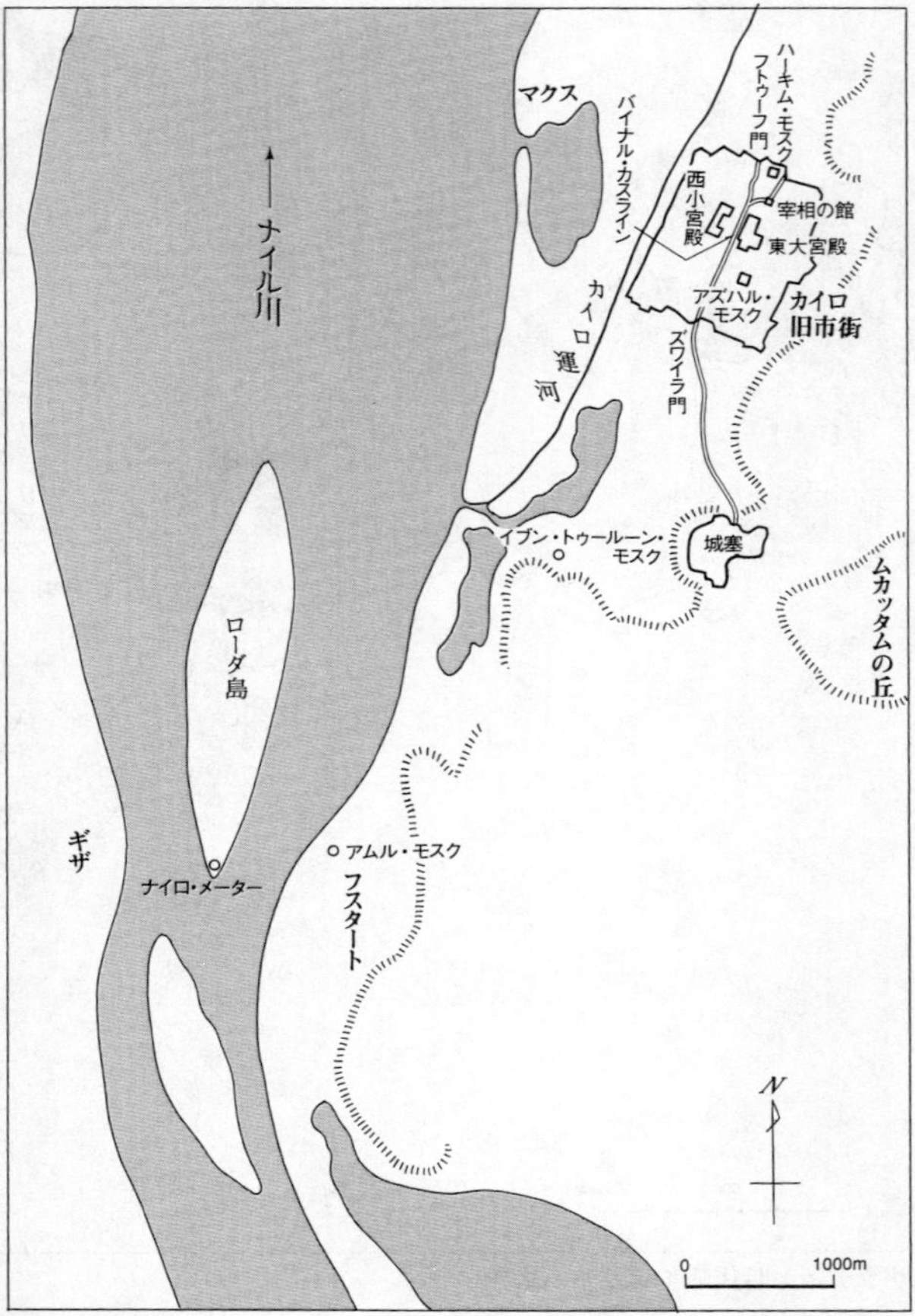
ハーキム・モスク
フトゥーフ門
マクス
バイナル・カスライン
西小宮殿
宰相の館
東大宮殿
アズハル・モスク
カイロ旧市街
ナイル川
カイロ運河
ズワイラ門
イブン・トゥールーン・モスク
城塞
ムカッタムの丘
ローダ島
ギザ
ナイロ・メーター
アムル・モスク
フスタート
N
0
1000m

カイロ旧市街

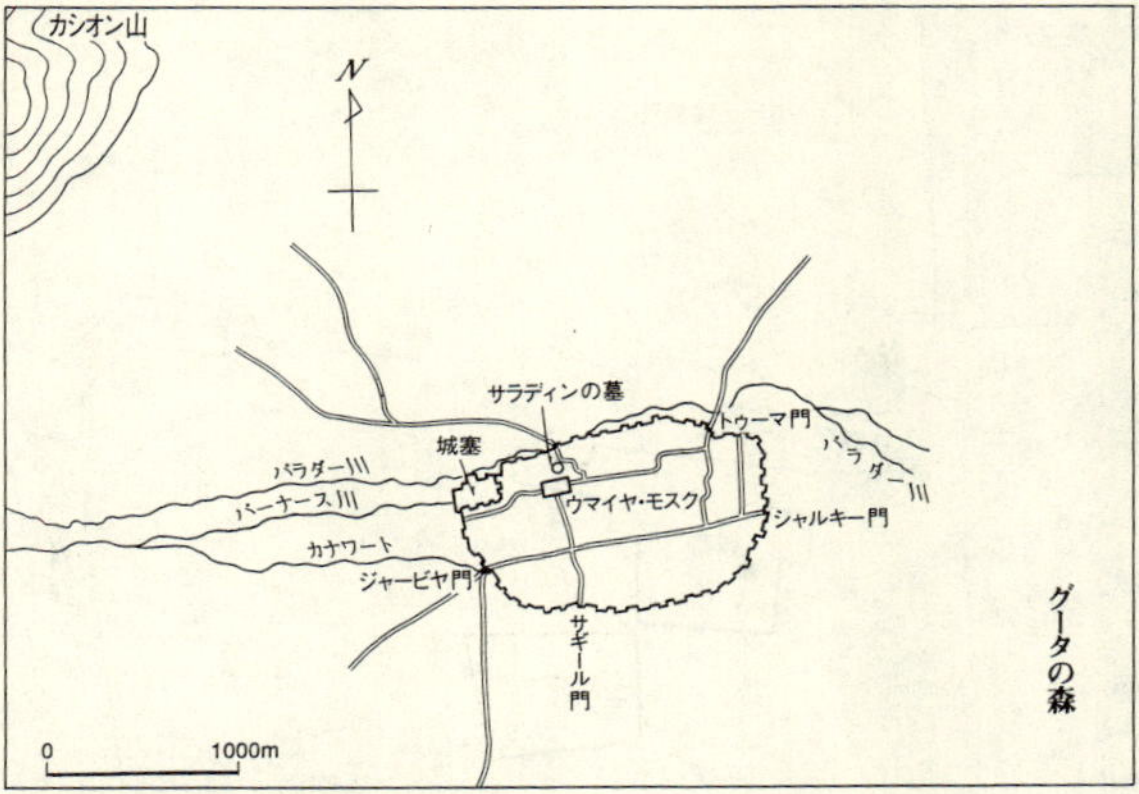

アイユーブ朝時代のダマスクス

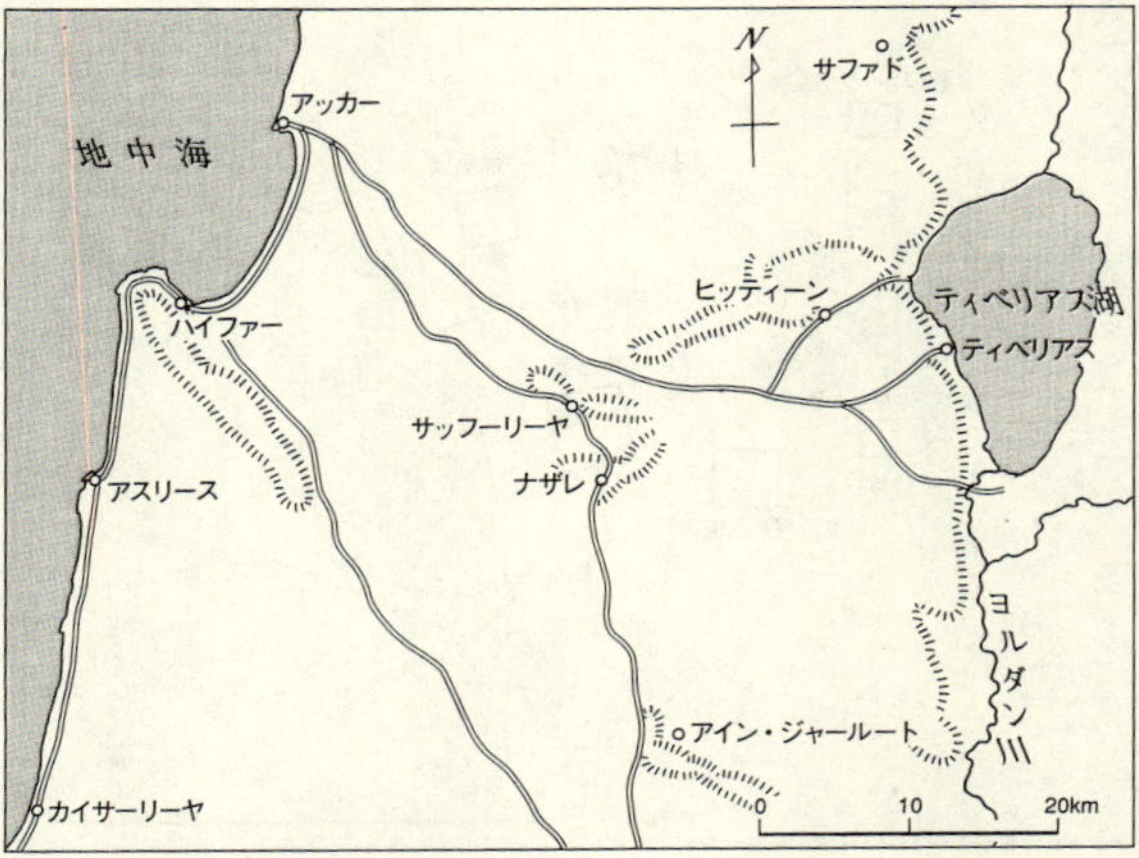

ヒッティーン周辺図

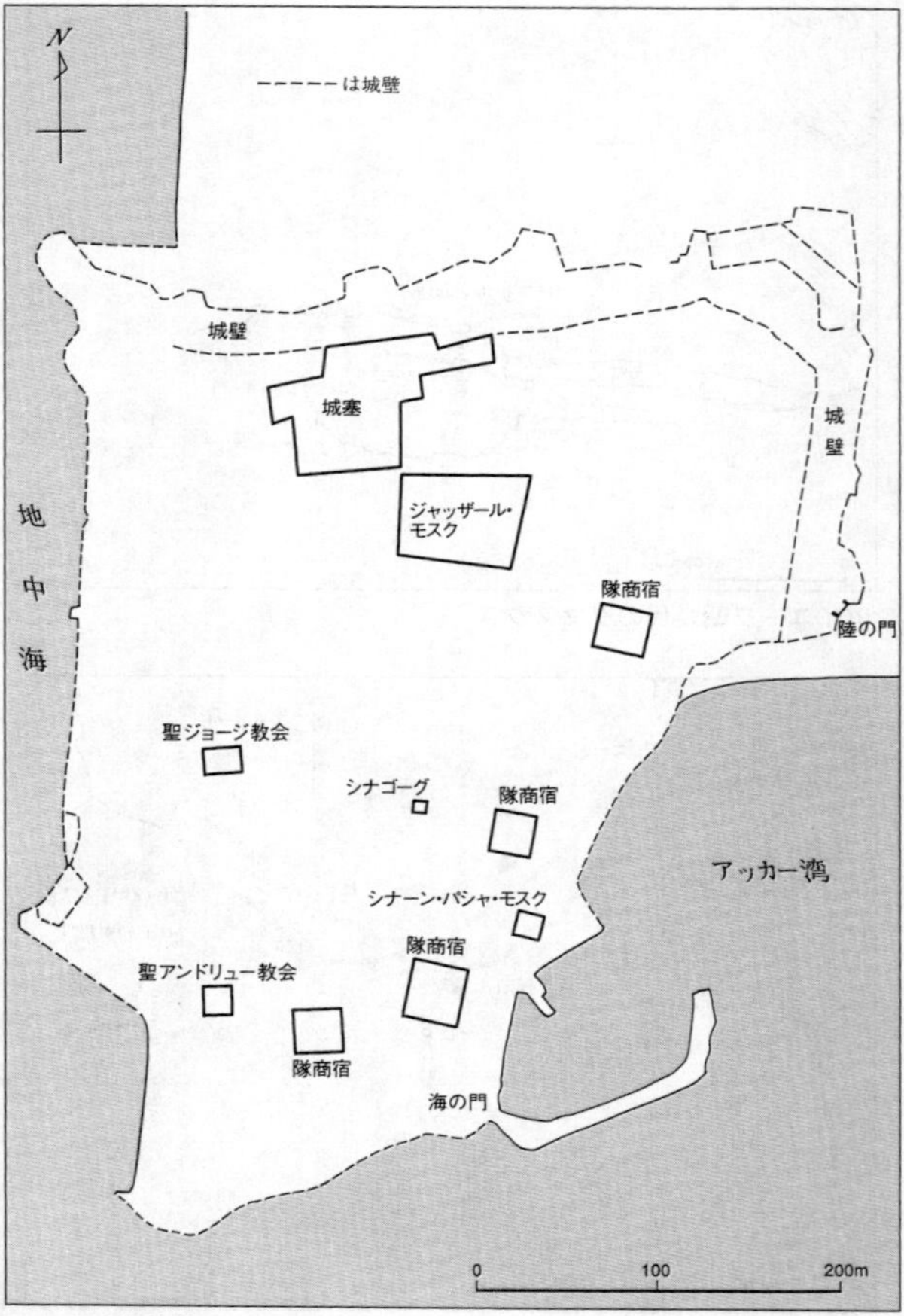
N
------ は城壁
城壁
城塞
ジャッザール・モスク
隊商宿
城壁
陸の門
地中海
聖ジョージ教会
シナゴーグ
隊商宿
アッカー湾
シナーン・パシャ・モスク
隊商宿
聖アンドリュー教会
隊商宿
海の門
0
100
200m

アッカー旧市街

アイユーブ家系図

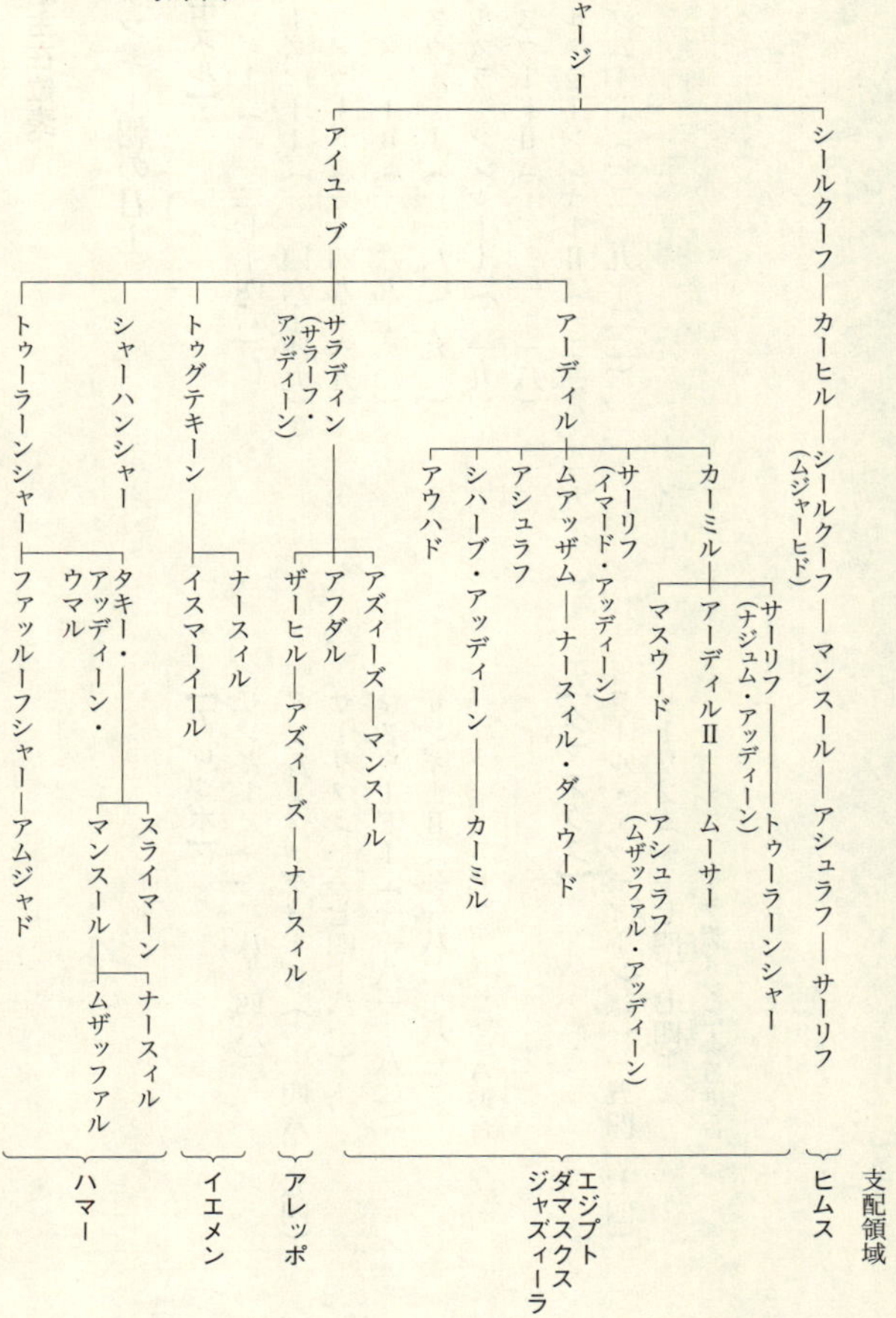

シャージー
シールクーフ
カーヒル
シールクーフ
(ムジャーヒド)
マンスール
アシュラフ
サーリフ
アイユーブ
アーディル
カーミル
サーリフ
(ナジュム・アッディーン)
トゥーラーンシャー
アーディルⅡ
ムーサー
マスウード
アシュラフ
(ムザッファル・アッディーン)
サーリフ
(イマード・アッディーン)
ムアッザム
ナースィル・ダーウード
アシュラフ
シハーブ・アッディーン
カーミル
アウハド
サラディン
(サラーフ・アッディーン)
アズィーズ
マンスール
アフダル
ザーヒル
アズィーズ
ナースィル
トゥグテキーン
ナースィル
イスマーイール
シャーハンシャー
タキー・アッディーン・ウマル
スライマーン
ナースィル
マンスール
ムザッファル
トゥーラーンシャー
ファッルーフシャー
アムジャド
支配領域
ヒムス
エジプト
ダマスクス
ジャズィーラ
アレッポ
イエメン
ハマー

君主在位表

ザンギー朝の君主

【モスル】
ザンギー（一一二七—四六）
ガーズィーI（一一四六—四九）
マウドゥード（一一四九—六九）
ガーズィーII（一一六九—八〇）
マスウードI（一一八〇—九三）
アルスラーンシャーI（一一九三—一二一一）
マスウードII（一二一一—一八）
アルスラーンシャーII（一二一八—一九）
マフムード（一二一九—二二）

【アレッポ】
ザンギー（一一二八—四六）
ヌール・アッディーン（一一四六—七四）
サーリフ（一一七四—八一）
マスウードI（一一八一—八二）
ザンギーII（一一八二—八三）
サラディンによる併合

【ダマスクス】
ヌール・アッディーン（一一五四—七四）
サーリフ（一一七四—七四）
サラディンによる併合

アイユーブ朝のスルタン

【エジプト】
サラディン（一一六九―九三）
アズィーズ（一一九三―九八）
マンスール（一一九八―一二〇〇）
アーディル（一二〇〇―一八）
カーミル（一二一八―三八）
アーディルⅡ（一二三八―四〇）
サーリフ（一二四〇―四九）
〔ナジュム・アッディーン〕
トゥーラーンシャー（一二四九―五〇）

【ダマスクス】
サラディン（一一七四―九三）
アフダル（一一九三―九六）
アーディル（一一九六―一二一八）
ムアッザム（一二一八―二七）
ナースィル・ダーウード（一二二七―二九）
アシュラフ（一二二九―三七）
サーリフ（一二三七―三八）
〔イマード・アッディーン〕
カーミル（一二三八―三八）
アーディルⅡ（一二三八―三九）
サーリフ（一二三九―三九）
〔ナジュム・アッディーン〕
サーリフ（一二三九―四五）
〔イマード・アッディーン〕
サーリフ（一二四五―四九）
〔ナジュム・アッディーン〕
トゥーラーンシャー（一二四九―五〇）

サラディン年譜

（　）内の数字は西暦にもとづくおよその年齢。

西暦	本文関連・重要事項
一一三七	イラク北部の町タクリートに生まれる。クルド人の父アイユーブは、タクリートの代官。誕生の
～八	日、アイユーブはサラディンを伴ってモスルに向かう。
一一三九	アイユーブ、モスルの君主ザンギーからバールベックを与えられる。
一一四四	ザンギー、エデッサ伯国を事実上滅ぼす。
一一四六	ザンギー、子飼いのマムルークによって暗殺される。サラディン、父とともにダマスクスへ移住（八歳）。
一一四九	ヌール・アッディーン、アンティオキア公国に侵攻。
一一五二	サラディン、アレッポへ行き、ヌール・アッディーンに仕える。
一一五四	ヌール・アッディーン、ダマスクスを併合。
一一五七	ヌール・アッディーン、十字軍からバーニヤースを奪う。
一一六三	九月、エルサレム王国のアモーリー、エジプトに侵攻。
一一六四	五月、シールクーフとサラディン（二十六歳）による第一回エジプト遠征。
一一六七	第二回エジプト遠征。
一一六八	十一月十三日、フスタート炎上。
一一六九	一月一日、第三回エジプト遠征。
	一月十八日、シールクーフ、ファーティマ朝の宰相に就任。

一一七一	三月二十三日、シールクーフ没。 三月二十六日、サラディン、ファーティマ朝の宰相に就任し（三十一歳）、エジプトにアイユーブ朝を創立。 エジプトにイクターを導入。 八月二十二日、バイナル・カスラインの戦い。カイロから黒人奴隷兵を一掃。 九月十日、スンナ派の復活。 九月十三日、ファーティマ朝最後のカリフ・アーディド没。
一一七四	二月、トゥーラーンシャーをイエメンに派遣。アデンの征服。 四月、カイロでシーア派の蜂起計画が発覚。 五月、ヌール・アッディーン没。息子のサーリフ、後継者に擁立さる。 十月、サラディン、ダマスクスに入城（三十六歳）。
一一七六	七月、アレッポのサーリフと和約を結ぶ。 イスマーイール派の討伐に向かう。 九月、ヌール・アッディーンの寡婦、イスマト・アッディーンと結婚。エジプト帰還。カラークーシュに市壁と山の城塞の建設を指示。ファーティマ朝の宮殿図書を売却。
一一七七	十月、サラディン、アスカラーンへの略奪戦に出発。ボードワン四世に敗れる。
一一七八	シリアへ再進出。シリアで雨不足による飢饉。トゥーラーンシャー、バールベックをイクターとして要求。
一一八一	一月、サラディン、エジプトに帰還。海軍の増強（四十三歳）。 十二月、サーリフ、アレッポで没。アレッポとモスルの連合。

西暦	本文関連・重要事項
一一八二	五月、サラディン、シリアに軍を進める。モスルの包囲。
一一八三	一月、カラクのルノー、メッカ・メディナの攻略をはかる。 六月十一日、アレッポ、サラディンに開城。
一一八四	七月、サラディンによるカラクの包囲。
一一八六	三月、モスルとの和平協定成立。ジャズィーラ地方の統一。
一一八七	三月、聖戦（ジハード）への呼びかけ。 七月四日、ヒッティーンの戦い。サラディン、ギー王配下の十字軍を破る（四十九歳）。 七月九日、アッカーの攻略。 十月二日、八十八年ぶりにエルサレムを奪回。 アクサー・モスクと岩のドームの整備。 十一月、スールを包囲したが、その攻略に失敗。
一一八八	七月、シリア北方の港町、ジャバラとラタキアの解放。 十一月、アーディルによるカラクの攻略。
一一八九	八月、十字軍によるアッカーの包囲。サラディンがこれを逆包囲。
一一九一	四月二十日、フランス王フィリップ二世、アッカーに到着。 六月六日、イギリス王リチャード一世、スールに到着。 七月十一日、十字軍によるアッカーの攻略。
一一九二	九月二日、サラディン、リチャードと和平条約を締結（五十四歳）。 十月九日、リチャード一世、アッカーから帰国の途につく。

	十一月四日、サラディン、ダマスクスに帰る。
一一九三	三月四日、サラディン没（五十五歳）。

解説　未完の英雄

三浦　徹

本書の主人公であるサラディンは、分裂状態にあったエジプトとシリアを統一し、パレスティナを占領していた十字軍との戦いに勝利し、聖地エルサレムを奪回したことで名高い。アラブ世界では、サラディンを主人公とする映画やビデオが製作され、その名は広く知られている。十字軍の捕虜を解放しエルサレム奪回後もキリスト教徒が巡礼にくることを認めたことから、ヨーロッパでも、寛容な君主として知られることになった。ダンテ（一二六五—一三二一）の『神曲』のなかでは、古代ギリシアの賢人他、イスラームの哲学者のイブン・シーナー（アヴィケンナ）やイブン・ルシュド（アヴェロエス）とともに、サラディンが登場する。それはサラディンの没後、わずか一二〇年後のことである。

ドイツの文学者レッシング（一七二九—八一）の戯曲『賢者ナータン』は、十字軍時代のエルサレムを舞台とし、サラディンはエルサレムを統治する君主として、実名で登場する。題名となっているナータンは、ユダヤ教徒の富裕な商人で、彼の旅行中に火事がおこり娘が聖堂（テンプル）騎士団の騎士によって助けられたところから物語は始まる。娘と騎士は互いに惹かれあうのだが信教の違いからこれを言い出せずにいた。サラディンは、この騎士を捕虜の身から解放し、また財産を惜しみなく施す寛容な君主として描かれる。そして物語の最後では、騎士とナータンの娘は、じつはサラディンの弟とドイツ人女性とのあいだにできた子供、すなわち兄妹であることがわかり、サラディンと騎士が抱擁して劇は終わる。レッシングは、この作品によって信教の違いをこえた思想や人間の自由を表明し、ナータンやサラディンはそれを体現する人物となっている。

日本でサラディンの名前が知られるようになったのはいつのことなのだろうか。日本と中東・イスラーム世界の直接的な交流が始まるのは、幕末・明治期である。明治初期には、不平等条約の改正のため、同様の条約を西欧列強と結んでいたエジプトやトルコに調査団が派遣された。大正時代には、預言者ムハンマドや聖典コーランについての書物が刊行され、中東やイスラーム世界の歴史や文化が紹介されるようになった。昭和一三（一九三八）年には、岡島誠太郎（奈良女子高等師範学校教授）が『歴史教育』という雑誌に「回教徒の英傑、サラディン」と題する小論を寄稿している。その書き出しでは、一八九八年にドイツ皇帝ウィルヘルム二世が、エルサレムの聖地参詣の旅において、ダマスクスにあるサラディンの墓に参詣し、「三億の回教徒よ、自分こそ諸君の味方なるを記憶せよ」と演説したことを取り上げ、サラディンが回教徒（ムスリム）の英雄としてどのような意義をもっていたかを、アラブの史料を引用して論じている。ここでも、関心の核に英雄かいなかが横たわっている。

第二次世界大戦後の世界史教科書では、七世紀から一〇世紀までのカリフの時代と一四世紀以降のオスマン朝に重点がおかれ、その狭間となるサラディンやアイユーブ朝について解説がなされるのは一九七〇年代のことである。十字軍については、研究においてももっぱら西洋史（ヨーロッパ史）のなかでとりあげられてきた。西洋史の十字軍研究の第一人者である橋口倫介氏の『十字軍――その非神話化』（岩波新書、一九七四年）では、十字軍とサラディンとの戦いと交渉に一節をさき、そこでは彼について、アラブの伝記史料も紹介しながら「確固たる信念によってイスラム『聖戦』を遂行するために必要なすぐれた戦略眼をも持ちあわせていた」（同書一五二頁）と述べている。

イスラーム史の側からの十字軍研究としては、一九八七年に中近東文化センターで開催された「十字軍」のシンポジウムをあげることができる。これは前年に刊行された牟田口義郎氏の翻訳による『アラブが見た十字軍』（リブロポート、一九八六年。ちくま学芸文庫で復刊）が話題をよんだことがひとつのきっかけとなった。この本は、レバノン人のジャーナリストのマアルーフの手になるものであるが、アラブ側の年代記を用い、「アラブ」から十字軍を描いたところに妙味がある。シンポジウムでは、ヨーロッパとイスラームの双方から広く歴史における十字軍の意義を討議すべく、橋口氏が座長をつとめ、本書の著者である佐藤次高氏らが報告をおこなっている。十字軍が来襲した当時のシリアやイラクは、さまざまな軍人政権が林立するいわば「戦国時代」にあった。これらの政権は、十字軍と戦うこともあれば、これと休戦して収穫を分割したり、同盟したりすることもあった。アラブ史料では、十字軍のことをフランク firanj とよび、十字軍やキリスト教徒という呼称は用いられていなかった。つまり、キリスト教徒が宗教的な目的で戦争を仕掛けているという認識ではなかったのである。イスラーム政権が、ジハード（聖戦）を掲げ十字軍との対決を強めるのは、ザンギー朝のヌール・アッディーン以降のことであり、サラディンは、その政策を受けつぐことになる。

本書は、当時のアラビア語の史料をもとに、サラディンの生涯の事績をたどり、どのような思想や性格をもち、周囲からどのように評価されていたかを明らかにする。本書の序章に述べられているように、サラディンについては、その側近が伝記を著しただけでなく、アラブ人の研究者やレーンプールやエーレンクロイツといったヨーロッパの研究者によっても、すでに人物研究がなされている。しかし、これらのサラディン研究では、英雄としての評価の是非が先行している。本書の表題では「英雄」に括弧がつけられているように、賢者・聖人・英雄といったイメージをひとまず留保し、同時代の複数の史料をもとに、「生身の……『人間としてのサラディン像』」を描くことに挑戦する（本書二一一頁）。

著者の佐藤次高氏は、アラブ・イスラーム史の研究者であり、一〇世紀から一五世紀の中東において国家体制の基幹となったイクター制（軍人に徴税権を授与する制度）の研究で国内外に知られ、これによって学士院賞恩賜賞を受賞した（二〇〇〇年）。受賞作となった『中世イスラム国家とアラブ社会』（山川出版社、一九八六年、改訂英語版一九九七年）では、三〇〇点をこえる年代記、地誌、伝記集などアラビア語史料が用いられ、著者の研究の基盤はここで築かれたといえる。その後、奴隷身分出身の軍人で軍事力の中核となり、政権を樹立したマムルークに焦点をあてた『マムルーク』（東京大学出版会、一九九一年）を刊行し、本書は、これにつづく一般読者にむけた書き下ろし作品である。

本書のねらいの第一は、個人史の叙述である。第一章「修行時代」は、サラディンの誕生から始まり、誕生のその日に父が一族をつれてモスルの町へ逃避せざるをえなかったエピソードを語ることで、風雲急をつげるイラクの政治状況とやがてエジプトに王朝を開くアイユーブ家の運命の端緒が告げられる（三二―三三頁）。つぎに少年時代のサラディンの教育に言及するが、史料には直接の記述が残されていない。にもかかわらず著者がこれをとりあげたのは、英雄となるまえのひとりの人間としてサラディンをとらえたいという姿勢がうかがわれる。やがてザンギー朝のヌール・アッディーンと出会い、第二章「エジプトの若きスルタン」では、三〇歳すぎの若さで宰相となり、アイユーブ朝を開き、エジプトとシリアの統治の基盤を確立する過程を追う。第三章「カイロからエルサレムへ」では、確立した富と権力を背景に、十字軍と対決しエルサレムを回復する姿を描く。これらの叙述では、主人公であるサラディンの言動を克明に分析するとともに、ヌール・アッディーンやアッバース朝カリフや十字軍の君主などの同時代のライバル、あるいは裁判官のアルファーディルや書記のイマード・アッディーン、外交担当でありサラディン伝を著したイブン・シャッダードらのサラディンの側近の言動も織り交ぜ、人間模様が描かれている。

第二のねらいは、社会史である。生地タクリート、育った町ダマスクス、政権をとったカイロ、といった舞台の情景を地理書らの記述をもとに描く。いずれの場所も著者自身が足を運んでおり、自身で撮影した写真が彩りを与えている。また、軍事財政の基盤となったイクター制やエジプトの繁栄を築いた農業生産や国際交易など経済状況についても要領よく解説が挿入されており、読者は、サラディンの生涯をたどりながら、背景となる政治・社会・文化の様相に引き込まれる。

第三は比較の視点である。たとえば、ムスリムの騎士は、ヨーロッパの騎士と同様に、武芸や徳目が重んじられていたことを述べ、他方で、ヨーロッパのような固定的な身分ではなく、よそ者の奴隷兵（マムルーク）も騎士となっていたことを指摘する（一七三―一七六頁）。

以上の叙述はすべて史料にもとづくもので、要所要所に、著者によるアラビア語史料の翻訳がふんだんにちりばめられている。また、史料の叙述に食い違いがある場合にはそれを吟味し、著者の考察が加えられる。本書あとがきにあるように、三〇年以上にわたってアラブ史料を探索し、これを読むことを無上の楽しみとしてきた著者ならではの名人芸といえるだろう。

それでは、著者自身のサラディンの実像と評価はどのようなものだったのだろうか。第一は、情に厚く部下を慈しみ、忍耐強く思慮深い軍人・政治家の姿である。第二は、ムスリムとしての道を重んじる君主の姿である。捕虜となった十字軍の兵士を身代金と引き換えに解放したのはイスラーム社会の慣行に従ったのであり、通説にいう寛大な性格のゆえではなかったとする（一九三頁）。十字軍からエルサレムを奪い回したサラディンに、バグダードのアッバース朝カリフから叱責の手紙が届けられたとき、サラディンは「カリフに仕える私の仕事を無にするような仕打ちを神が許し給わんことを。……賢者の知恵がなければ、私のことを理解し得ないのだ」（一九五頁）と語ったという。他方で、著者は、サラディンの死後領土は一族によって分割され、彼の築いた政治体制は未完のまま終わり、この意味で「未完の英雄」（『本』講談社、一九九六年六月号）と呼んでいる。それは、時代の状況が「絶対的な権力者ではなく、まずは人間的で親しみのある君主を求めていた」からではないかと述べる。

著者佐藤次高氏は、二〇一一年四月、六八歳で病のため急逝した。その半年後、この学術文庫の形で本書が復刊されることになった。四〇〇〇冊をこえるアラビア語史料が並ぶ自宅の書斎には、「人間の素顔を映し出すようなアラビア語史料との巡り会いが捨てがたい」と書かれたレジュメが残されていた。本書は、著者とサラディンをめぐる人間たちの史料との巡り会いの物語でもある。生前の著者は、吉村昭氏の作品を好んで読んでおられた。吉村氏の作品は、事実にもとづく緻密な記録文学、として評価されている。本書は、原史料にもとづき参考文献や註をつけた歴史研究の書ではあるが、緻密で着実で平易な語り口は、吉村氏の記録文学と通じるものがある。なだらかな叙述ゆえに、ひとつひとつの事実にこめられた意味を見過ごしてしまうことがあり、私自身、今回の復刊にあたり本書を再読し、サラディンとその時代について、新たに学ぶべきことが多かった。巻末につけられた地図、系図、年表も著者の手製で、細やかな配慮がうかがわれる。佐藤氏は、本書の刊行後も、『聖者イブラーヒーム伝説』（角川書店、二〇〇一年）や『砂糖のイスラーム生活史』（岩波書店、二〇〇八年）など多彩な著作を遺した。これらの著作から、人間の声を聞き、人間の姿を見ることは、私たちの喜びである。

（お茶の水女子大学教授）

二〇一一年一〇月

本書の原本は、一九九六年、小社より刊行されました。

佐藤次高（さとう　つぎたか）

1942～2011。東京大学文学部東洋史学科卒業，同大学院人文科学研究科博士課程中退。東京大学，早稲田大学で教授を歴任，東洋文庫研究部長，史学会理事長を務める。文学博士。東京大学名誉教授。専攻はアラブ・イスラーム史。著書『中世イスラム国家とアラブ社会』『マムルーク』『イスラーム世界の興隆』『イスラームの国家と王権』ほか多数。

講談社学術文庫

定価はカバーに表示してあります。

イスラームの「英雄《えいゆう》」サラディン
十字軍《じゅうじぐん》と戦《たたか》った男《おとこ》

佐藤次高《さとうつぎたか》

2011年11月10日　第1刷発行
2015年3月13日　第3刷発行

発行者　鈴木　哲
発行所　株式会社講談社
東京都文京区音羽2-12-21 〒112-8001
電話　編集部（03）5395-3512
販売部（03）5395-5817
業務部（03）5395-3615

装　幀　蟹江征治
印　刷　慶昌堂印刷株式会社
製　本　株式会社国宝社
本文データ制作　講談社デジタル製作部

ISBN978-4-06-292083-4

「講談社学術文庫」の刊行に当たって

これは、学術をポケットに入れることをモットーとして生まれた文庫である。学術は少年の心を養い、成年の心を満たす。その学術がポケットにはいる形で、万人のものになることは、生涯教育をうたう現代の理想である。

こうした考え方は、学術を巨大な城のように見る世間の常識に反するかもしれない。また、一部の人たちからは、学術の権威をおとすものと非難されるかもしれない。しかし、それはいずれも学術の新しい在り方を解しないものといわざるをえない。

学術は、まず魔術への挑戦から始まった。やがて、いわゆる常識をつぎつぎに改めていった。学術の権威は、幾百年、幾千年にわたる、苦しい戦いの成果である。こうしてきずきあげられた城が、一見して近づきがたいものにうつるのは、そのためである。しかし、学術の権威を、その形の上だけで判断してはならない。その生成のあとをかえりみれば、その根は常に人々の生活の中にあった。学術が大きな力たりうるのはそのためであって、生活をはなれた学術は、どこにもない。

開かれた社会といわれる現代にとって、これはまったく自明である。生活と学術との間に、もし距離があるとすれば、何をおいてもこれを埋めねばならない。もしこの距離が形の上の迷信からきているとすれば、その迷信をうち破らねばならぬ。

学術文庫は、内外の迷信を打破し、学術のために新しい天地をひらく意図をもって生まれた。文庫という小さい形と、学術という壮大な城とが、完全に両立するためには、なおいくらかの時を必要とするであろう。しかし、学術をポケットにした社会が、人間の生活にとってより豊かな社会であることは、たしかである。そうした社会の実現のために、文庫の世界に新しいジャンルを加えることができれば幸いである。

一九七六年六月　　　　野間省一

石橋崇雄著
大清帝国への道

ヌルハチが統合した北方の一小国は、やがて北京に入城し、さらに中央アジアを制圧、康熙・雍正・乾隆という三帝のもとで最盛期を迎える。満洲語史料を読み解き、現代に続く多民族国家の形成過程を解明する。

2071

宮川尚志著（解説・渡邉義浩）
諸葛孔明 「三国志」とその時代

無謀な戦争を繰り返した諸葛亮が、なぜ後世、義の人として称賛されるに至ったのか？　その思想と行動を中国史研究の泰斗が描く。一九四〇年以来、改訂を重ねて読み継がれてきた「三国志」研究の重要古典。

2075

ジャン・モリス著／椋田直子訳
ヴェネツィア帝国への旅

アドリア海からギリシャ本土へ、さらにキプロス島やエーゲ海の島々、奇跡の都・コンスタンティノープルへ――。海洋帝国の栄光の跡を、英国随一の「歴史の旅人」が訪ね、情趣豊かに綴る紀行文学の傑作。

2079

佐藤次高著
イスラームの「英雄」サラディン 十字軍と戦った男

十字軍との覇権争いに終止符を打ち、聖地エルサレムを奪還した「アラブ騎士道の体現者」の実像とは？　ヨーロッパにおいても畏敬の念をもって描かれた英雄の、人間としての姿に迫った日本初の本格的伝記。

2083

姜在彦《カンジェオン》著
朝鮮儒教の二千年

朝鮮における儒教の二千年にも及ぶ歴史的な展開を跡付けた記念碑的著作。長きに渡る儒教と朝鮮とのかかわりを丹念に追い、同時代の中国・日本との比較から朝鮮儒教の特徴と東アジアの思想的古層を描き出す。

2097

阿部謹也著
西洋中世の罪と罰 亡霊の社会史

個人とは？　国家とは？　罪とは？　罰は？キリスト教と「贖罪規定書」と告解の浸透……。「真実の告白が、権力による個人形成の核心となる」（M・フーコー）過程を探り、西欧的精神構造の根源を解明する。

2103

外国の歴史・地理

中世ヨーロッパの家族
J・ギース、F・ギース著／三川基好訳（解説＝佐藤賢一）
紳士階級パストン家に残された一〇〇〇通の書簡が語る、乱世を懸命に生き抜いた一族の物語。頻発する土地争いと訴訟、息子の学業と娘の恋愛沙汰、家族の病と死。十五世紀のイギリスの社会が生々しく描かれる。
2181

ヴェネツィア 東西ヨーロッパのかなめ 1081〜1797
ウィリアム・H・マクニール著／清水廣一郎訳
ベストセラー『世界史』の著者のもうひとつの代表作。十字軍の時代からナポレオンによる崩壊まで、軍事・造船・行政の技術や商業資本の蓄積に着目し、地中海最強の都市国家の盛衰と、文化の相互作用を描き出す。
2192

イザベラ・バード 旅に生きた英国婦人
パット・バー著／小野崎晶裕訳
日本、チベット、ペルシア、モロッコ……。外国人が足を運ばなかった未開の奥地まで旅した十九世紀後半の最も著名なイギリス人女性旅行家。その幼少期から異国での苦闘、晩婚後の報われぬ日々まで激動の生涯。
2200

ローマ五賢帝 「輝ける世紀」の虚像と実像
南川高志著
賢帝ハドリアヌスは、同時代の人々には恐るべき「暴君」だった！「人類が最も幸福だった」とされるローマ帝国最盛期は、激しい権力抗争の時代でもあった。平和と安定の陰に隠された暗闘を史料から解き明かす。
2215

イギリス 繁栄のあとさき
川北 稔著
今日英国から学ぶべきは、衰退の中身である——。産業革命を支えたカリブ海の砂糖プランテーション。資本主義を担ったジェントルマンの非合理性……。世界システム論を日本に紹介した碩学が解く大英帝国史。
2224

愛欲のローマ史 変貌する社会の底流
本村凌二著
カエサルは妻に愛をささやいたか？ 古代ローマ人の愛と性のかたちを描き、その内なる心性と歴史の深層をとらえる社会史の試み。性愛と家族をめぐる意識の変化は、やがてキリスト教大発展の土壌を築いていく。
2235

政治・経済・社会

雇用、利子、お金の一般理論
J・M・ケインズ著／山形浩生訳

なぜ市場は機能しなくなることがあるのか。この問いに正面から挑み、ついにマクロ経済学を誕生させた、この社会科学史上の偉業を正確かつ明快な訳文で。クルーグマンの序文とヒックスの関連重要論文も収録。

2100

インフレとデフレ
岩田規久男著

二つの悪夢の発生メカニズムを解明し、そのコントロール方法を考える。一九九〇年代以降の経済理論の新知見と、長期化する日本デフレをふまえて新章を書き下ろし。経済学の必読入門書にして提言の書。

2105

政治学への道案内
高畠通敏著（解説・五十嵐暁郎）

幾度も改訂を重ねた伝説の「教科書」に著者生前の増補原稿を加えた完全版。統治の学から自治の学へととらえなおす視点で貫かれた本書は、入門書でありながら政治学の実用価値を知らしめる。復権、市民教養！

2110

政治の教室
橋爪大三郎著

日本人に民主主義は可能なのか？　民主主義を手づくりするには、何からはじめればいいのか？　「民主主義は最高の政治制度である」と唱える社会学者の手による、実践に向けた〈政治〉の教科書、決定版！

2116

政治のことば　意味の歴史をめぐって
成沢　光著（解説・保立道久）

語源が織り成す日本の政治のそもそもの話。日本人は政治をどのようにとらえ、どう意識してきたのか？古代から近代まで日本語の「政治のことば」の用例を追跡し日本政治の深層に潜む意識とその構造を暴き出す。

2125

よみがえる古代思想　「哲学と政治」講義Ｉ
佐々木　毅著

古代ギリシア最大の悪徳「ヒュブリス」とは。ローマの政治家はなぜ哲学を嫌ったのか。「政治と人生」について根源的に考える時、人は古代の思想に立ち戻らざるを得ない。政治学の泰斗が語る「政治の本質」。

2138

宗教

ユダヤ教の誕生
荒井章三著

放浪、奴隷、捕囚。民族的苦難の中で遊牧民の神は成長し宇宙を創造・支配する唯一神に変貌する。キリスト教やイスラーム、そしてイスラエル国家を生んだ「奇跡の宗教」誕生の謎に『聖書』の精緻な読解が挑む。

2152

ヨーガの哲学
立川武蔵著

世俗を捨て「精神の至福」を求める宗教実践は「根源的統一への帰一」へと人々を導く——。チャクラ、調気法、坐法、観想法等、仏教学の泰斗が自らの経験を踏まえてヨーガの核心をときあかす必読のヨーガ入門。

2185

インド仏教思想史
三枝充悳著

古代インドに仏教は誕生し、初期仏教から部派仏教、そして大乗仏教へと展開する。アビダルマ、中観、唯識、仏教論理学、密教と花開いた仏教史に沿って、基本思想とその変遷、重要概念を碩学が精緻に読み解く。

2191

往生要集を読む
中村　元著

日本人にとって地獄や極楽とは何か。元来、インド仏教にはなかったこの概念が日本に根づくのには『往生要集』の影響があった。膨大なインド仏教原典と源信の思想を比較検証し、日本浄土教の根源と特質に迫る。

2197

密教とマンダラ
頼富本宏著

真言・天台という日本の密教を世界の仏教史のなかに位置づけ、その歴史や教義の概要を紹介。胎蔵界・金剛界の両界マンダラを中心に、その種類や構造、思想、登場するほとけたちとその役割について平易に解説。

2229

グノーシスの神話
大貫　隆訳・著

「悪は何処からきたのか」という難問をキリスト教会に突き付け、あらゆる領域に「裏の文化」として影響を及ぼした史上最大の異端思想のエッセンス。ナグ・ハマディ文書、マンダ教、マニ教の主要な断章を解読。

2233

佐々木 毅著
宗教と権力の政治 「哲学と政治」講義Ⅱ
西洋中世を支配した教皇至上主義に、世俗権力はどう対抗したか。「聖」と「俗」の抗争を軸に、トマス・アクィナス、ルター、マキアヴェッリ等、信仰共同体の誕生から宗教改革の政治的帰結までを論じる。

2139

メアリー・ダグラス、バロン・イシャウッド著／浅田 彰・佐和隆光訳
儀礼としての消費 財と消費の経済人類学
人類学の巨匠、経済学の難問に迫る！ 消費＝財の使用は社会的な意味を担い、社会関係を生み出し、維持する。財はコミュニケーションの媒介なのである。「経済人類学」への平易にして斬新な入門書でもある。

2145

尾藤正英抄訳（解説・高山大毅）
荻生徂徠「政談」
近世日本最大の思想家、徂徠。将軍吉宗の下問に応えて彼が献上した極秘の政策提言書は悪魔的な統治術に満ちていた。反「近代」の構想か。むしろ近代的思惟の萌芽か。今も論争を呼ぶ経世の書を現代語で読む。

2149

徐大粛《ソデスク》著／林 茂訳（解説・和田春樹）
金日成《キムイルソン》
〈北朝鮮〉とは何か？ 答えは金日成の歴史のなかにある。評伝としてその足跡をたどるだけでなく、政治体制の成り立ちをも明らかにする。泰斗による「北朝鮮現代史」の決定版にして朝鮮研究の最重要古典。

2162

高畠通敏著（解説・五十嵐暁郎）
地方の王国
新潟、徳島、千葉、滋賀、鹿児島、北海道……。日本中で保守政治の支柱となった〈王国〉。高度成長の終焉が各地にもたらした構造的変容は現代日本を照らし出す。選挙分析の先駆者による迫真ルポルタージュ！

2165

ケネス・B・パイル著／松本三之介監訳／五十嵐暁郎訳
欧化と国粋 明治新世代と日本のかたち
日本人は何を誇ればいいのか？ 西欧文明を前にして、若きナショナリズムは身悶えする。徳富蘇峰、志賀重昂、陸羯南、三宅雪嶺ら明治新世代エリートの論争から〈日本のかたち〉の転回点を見出した記念碑的研究。

2174

宗教

仏典のことば　さとりへの十二講
田上太秀著

諸行無常、衆縁和合、悉有仏性、南無帰依仏……。人はなぜ迷い、悩むのか。仏教の基本教理を表す十二のことばを通し、無限の広がりを持つ釈尊の教えを平易に解説。さとりへの道を示す現代人必読の仏教入門。

1995

慈悲
中村　元著

呻きや苦しみを知る者のみが持つあらゆる人々への共感、慈悲。仏教の根本、あるいは仏そのものとされる最重要概念を精緻に分析、釈迦の思惟を追う。仏教の真髄と現代的意義を鮮やかに描いた仏教学不朽の書。

2022

エウセビオス「教会史」（上）（下）
秦　剛平訳

イエスの出現から「殉教の時代」を経てコンスタンティヌス帝による「公認」まで、キリスト教最初期三〇〇年の歴史を描き、その後の西欧精神史に決定的影響を与えた最重要資料を全訳、詳細な註と解説を付す。

2024・2025

旧約聖書　天地創造《創世の書》
フェデリコ・バルバロ訳注

天地創造、アダムとエバ、ノアの方舟、バベルの塔、イスラエルの太祖たち、そしてヨゼフの物語——。宗教的な正しい思想の基盤とされる旧約聖書の冒頭部を詳細な注釈を添え丁寧に訳した、「創世記」全訳注。

2046

密教経典　大日経・理趣経・大日経疏・理趣釈
宮坂宥勝訳注

大乗の教えをつきつめた先に現れる深秘の思想、宇宙の真理と人間存在の真実を追究する、その精髄とはなにか。詳細な語釈を添え現代語訳を施した密教の代表的経典をとおして、その教義と真髄を明らかにする。

2062

仏教誕生
宮元啓一著

古代インドの宗教的・思想的土壌にあって他派の思想との対立と融合を経るなかで、どんな革新性をもって仏教は生まれたのか？　そこで説かれたのは「慈悲」と「救済」だったのか？　釈尊の思想の本質にせまる。

2102